Advents- und Weihnachtsgeschichten Kindern erzählt

Ausgewählt von Julie Imker
Mit Bildern von Christian Kämpf

Gütersloher Verlagshaus
Gerd Mohn

Originalausgabe

CIP-Titelaufnahme der Deutschen Bibliothek

Die Deutsche Bibliothek – CIP-Einheitsaufnahme

Advents- und Weihnachtsgeschichten Kindern erzählt /
ausgew. von Julie Imker. – Orig.-Ausg., 6. Aufl.,
(49.–54. Tsd.). –
Gütersloh: Gütersloher Verl.-Haus Mohn, 1991
(Gütersloher Taschenbücher Siebenstern; 1502)
ISBN 3-579-01502-8
NE: GT

ISBN 3-579-01502-8
6. Auflage (49.–54. Tsd.), 1991

Umschlagentwurf: Dieter Rehder, B-Kelmis,
unter Verwendung einer Illustration von Christian Kämpf, Nürnberg
Gesamtherstellung: Clausen & Bosse, Leck
Printed in Germany

INHALT

GINA RUCK-PAUQUÈT

In jedem Wald ist eine Maus, die Geige spielt

In einem sehr kleinen Wald wohnte einmal ein sehr kleiner Bär. Mit ihm lebten eine Maus, ein Eichhörnchen und ein Rabe. An sonnigen Tagen spielte die Maus auf einer winzigen Geige, und der Bär tanzte dazu. Und nachts schliefen sie alle und schnarchten. Jeder in einer anderen Tonart. Es hätte ruhig so bleiben können, denn es war sehr schön. Aber leider geschah etwas Unerwartetes: Der Bär wuchs. Zuerst wurde er nur ein kleines bißchen größer, und das wäre ja nicht so schlimm gewesen. Aber dann wurde er noch ein bißchen größer, und noch ein bißchen, und da war er schon ziemlich groß.

»Hör auf zu wachsen!« sagte die Maus. »Es wird eng im Wald.«

»Ich kann nicht aufhören«, entgegnete der Bär, und er machte ein sehr unglückliches Gesicht.

Tatsächlich wuchs er wieder ein Stück.

»Du bist viel zu groß!« schimpfte das Eichhörnchen. »Wenn du hustest, wackeln die Bäume.«

Und der Rabe flog nur noch in der Luft herum, weil unten kein Platz war.

»Es muß etwas geschehen!« jammerte die Maus. »Ich kann die Beine nicht mehr ausstrecken.«

Aber der Bär wurde immer noch größer.

Als er endlich aufhörte zu wachsen, war er so groß, daß

er an allen Seiten aus dem Wald herausquoll. Und wenn es regnete, wurde er naß.
»Du mußt ausziehen«, sagten die anderen Tiere.
Und der Rabe, der alles von oben betrachtete und der daher einen Teil der Welt übersah, meinte: »Jenseits der Stadt liegt ein großer Wald. Dahin solltest du gehen.«
Da küßte der Bär der Maus die Pfote, winkte dem Eichhörnchen und dem Raben zu und machte sich auf. Er ging sehr langsam. Und manchmal blieb er stehen und seufzte:

»Ich armer, brauner Bär, brumm, brumm,
ich ziehe heimatlos herum.
Mein Herz ist mir so furchtbar schwer.
Zur Geige tanz' ich nimmermehr.«

Die Spatzen, die in den Bäumen saßen, lachten über ihn. Spatzen sind manchmal albern. Der Bär aber trottete weiter, bis er in die Stadt kam.
»Bitte, wo geht es zum großen Wald?« fragte er einen Mann mit einem Fahrrad. »Guten Tag, Herr Bär«, entgegnete der Radfahrer höflich. »Steigen Sie auf!«
Da schwang sich der Bär hinten aufs Fahrrad, und der Mann radelte los. »Links ist der Fledermausturm!« rief er, »und rechts der Krötenfluß! Ich zeige Ihnen die ganze Stadt.«
Aber der Bär wollte die Stadt nicht sehen. Und so stieg er an einer Kreuzung unbemerkt ab. Der Schupo hielt alle Autos zurück, damit der Bär die Straße überqueren konnte. Die Leute zogen die Hüte, und manche schüttelten dem Bären die Pranke. Einfach so, im Vorbeigehen.
»Wo geht es zum großen Wald?« fragte der Bär eine Frau.
»Oh«, sagte die Frau, »wie schön, Sie zu treffen!«

Und sie hakte den Bären unter und nahm ihn mit zum Damenkränzchen. Da saß der Bär auf einem Plüschsofa mit Fransen, und es gab Buttercremetorte und Tee. Aber obschon ein honiggelber Wellensittich fröhliche Lieder sang, war der Bär sehr unglücklich. Und aus der Tasse trinken konnte er auch nicht. So machte er sich vorsichtig auf die Tatzen und sprang zum Fenster hinaus.
Er kletterte an einer Laterne empor und schaute sich um. Aber den großen Wald konnte er nirgends entdecken.
»Hallo, Herr Bär!« riefen ein paar Leute. »Sie sind eingeladen. Wir feiern ein Fest!«
Und sie zerrten ihn mit. Da mußte der Bär mit ihnen tanzen, und die Musik spielte dazu. Alle waren fröhlich, nur der Bär nicht.
»Wo geht es in den großen Wald?« fragte er.
Doch die Leute lachten, und ein Mädchen steckte ihm eine Blüte ins Fell. Da pustete der Bär die Kerzen aus und machte sich in der Dunkelheit davon. Lange lief er durch die nächtlichen Straßen.
»Wo liegt der große Wald?« rief er. »Wo liegt der große Wald?«
Aber er bekam keine Antwort. Der Bär wurde sehr traurig. Er war der traurigste Bär der Welt. Und das will schon etwas heißen, denn auf der Erde gibt es mindestens hunderttausendunddrei Bären. Er setzte sich an den Krötenfluß und machte die Augen zu. Wenn man nämlich die Augen schließt, bleibt die Welt draußen, und das ist manchmal sehr angenehm.
Im Krötenfluß schwamm der Mond. Vielleicht war es auch nur das Spiegelbild des Mondes. Und ein paar Sterne schwammen da auch. Den einen schluckte ein Fisch. Der Bär saß ganz still. Er bemerkte nicht einmal die Nachtfalter, die um seine Nase tanzten ...

»Guten Abend, Bär!« rief da plötzlich jemand.
Es war ein kleiner Junge in einem Nachthemd. Er hockte sich neben den Bären und spielte ein bißchen auf seiner Mundharmonika.
»Wohnst du hier?« fragte er dann.
»Nein«, brummte der Bär. »Ich suche den großen Wald. Aber ich werde ihn niemals finden.«
»Der große Wald ist nicht weit«, meinte der Junge. »Bei der nächsten Laterne rechts, dann fünfundfünfzig Schritte links und immer geradeaus.«
Da umarmte der Bär den kleinen Jungen. Ganz vorsichtig natürlich. Bären sind ja furchtbar stark und kleine Jungen ziemlich zerbrechlich.
»Ich danke dir!« rief er. »Ich danke dir. Lebewohl!«
Und er machte sich auf den Weg.
Als der Bär in den großen Wald kam, traf er ein Eichhörnchen und einen Raben. »Es ist wie zu Hause«, sagte der Bär, und er war sehr glücklich. »Aber gibt es auch eine Maus, die Geige spielt?«
»In jedem Wald gibt es eine Maus, die Geige spielt«, entgegneten die beiden. »Man muß sie nur finden.«
Da ging der Bär in den grünen, duftenden Wald hinein und begann zu suchen.

MIRA LOBE

Ronnis allererster Advent

Draußen war graues Novemberwetter. Keine Spur von Schnee. Der bunte Adventskalender hing an der Wand, und Ronni klappte das erste Fenster auf. Dafür durfte Gisela das erste Licht anzünden. Als ob es nicht auch einmal umgekehrt sein könnte! dachte Ronni. Als ob ich nicht längst mit Streichhölzern umgehen kann und Kerzen anzünden — und all so was! Aber nein: Gisela ist die große Schwester, und ich bin und bleib' der Kleine!

Manchmal hätte er wirklich zerspringen können vor Zorn.

Der Vater räusperte sich feierlich und stimmte ein Adventslied an:

›Leise rieselt der Schnee . . .‹

Die Mutter und Gisela sangen mit.

»Rieselt ja gar nicht!« brummte Ronni dazwischen.

Der Vater warf ihm einen strengen Blick zu, die Mutter einen vorwurfsvoll-bittenden, machten aber gleich wieder fromme Gesichter und sangen weiter in der Hoffnung, daß auch Ronni ein frommes Gesicht machen und mitsingen würde.

Als nächstes kam ›Tochter Zion, freue dich!‹ dran. Ronni wartete den Schluß ab und fragte, ob dieser Zion eigentlich nur eine Tochter gehabt hätte und keinen Sohn, der sich bestimmt genausogern freuen würde.

Gisela verdrehte die Augen: »Jetzt fängt der Ronni wieder mit seiner Fragerei an!«
»Wer nicht fragt . . .«, rief Ronni und wollte den schönen Satz sagen, mit dem die Lehrerin am ersten Schultag die Kinder ermuntert hatte: Wenn ihr etwas nicht wißt, dann fragt! Wer nicht fragt, der bleibt dumm.
»Wer nicht fragt . . .«, rief er also, aber der Vater unterbrach ihn: »Wollt ihr singen oder streiten, ihr zwei? Ich dachte, wir feiern den ersten Advent?!«
Die Mutter nickte zustimmend und fing das nächste Lied an: ›Kling Glöckchen, klingelingeling . . .‹ Sie hatte eine hohe Stimme, und der Vater fiel mit seiner tiefen ein: ›Ist so kalt der Winter, laßt mich ein, ihr Kinder.‹ Bei der Zeile: ›Öffnet mir die Türen . . .‹ rüttelte es draußen an der Tür, aber nicht das Christkind wollte hereingelassen werden, sondern Mirko, der Kater. Mit hocherhobenem Schwanz spazierte er ins Zimmer und sprang sofort auf Ronnis Schoß. Dort war sein Lieblingsplatz; und von dort rührte er sich auch nicht mehr weg, bis alle Lieder gesungen waren und die Kerze fast heruntergebrannt.

Zwei Tage später machte Ronni am Morgen das dritte bunte Fenster auf. Alles andere war wie sonst: ein gewöhnlicher Wochentag mit Schule und Hausaufgaben und Karotten zum Mittagessen, die Ronni nicht mochte.
Mit den Aufgaben war er schnell fertig; in der Ersten bekamen sie noch nicht viel auf. Nur ein paar Sätze mit Mama, Papa, Oma, Opa. ›Der Papa ist im Haus. Die Mama ist im Haus. Der Opa ist im Haus. Die Oma ist im Haus.‹ Das gleiche noch einmal mit ›Hof‹. ›Der Papa ist im Hof.‹ Er klappte das Heft zu.

»Du hast es gut!« sagte Gisela neidisch. »Ich muß noch Latein machen und Vokabeln lernen und ...«
»Möchtest du lieber noch mal in die Erste gehen?« fragte Ronni.
»Nein. Den ganzen Zirkus von vorne? Das fehlte noch.« Gisela schüttelte sich. »Und jetzt laß mich in Ruhe, Ronni. Immer fängst du mit deinem Gefrage an ...«
Ronni hätte erwidern können, daß nicht *er* angefangen hatte, sondern *sie*. Doch er schwieg und setzte sich auf den Tisch neben den Ständer mit dem Adventskranz, der an seinen roten Bändern hing. Wenn man den Kranz anstupste, dann schaukelte er leise hin und her. Mirko hob die Pfote und wollte auch stupsen, aber er traute sich nicht, aus Angst vor den spitzen grünen Nadeln.
»Advent ...«, sagte Ronni halblaut, »Ad-vent ...? Was heißt denn das überhaupt?«
Gisela fuhr ihn an: »Ronald, du störst mich. Wie oft soll ich dir noch sagen, daß ich lernen muß!«
»Ich will ja nur wissen, was das für ein Wort ist: Advent. Wenn du schon so viel lernst und so schlau bist, dann sag's mir doch. Aber du weißt es halt auch nicht.«
»Doch weiß ich's: ›Herankommen, sich nähern‹. Advenio — ich komme heran, adveni — ich kam heran, adventus,a,um — ich bin herangekommen.«
»*Du* doch nicht!« widersprach Ronni. »Weihnachten kommt heran. Josef und Maria kommen heran — nach Bethlehem, zum Stall, wo das Kind geboren wird. Aber erst am Heiligen Abend — und der ist noch weit, und das ist ein Glück! Weil ich nämlich noch gar nicht weiß, was ich den Eltern schenken soll. Und was du dir wünschst, weiß ich auch nicht.«
»Ich wünsche mir, daß du endlich den Mund hältst und mich in Ruhe läßt.«

Für ein paar Minuten war es still im Zimmer. Mirko lag zusammengerollt auf Ronnis Knien und ließ sich sein schwarzes Fell streicheln. Aus schmalen Augen blinzelte er schläfrig vor sich hin und schnurrte.

»Der erste Advent . . .«, sagte Ronni in die Stille hinein.

»Der war vorgestern! Ronald, ich warne dich!« Gisela zielte mit dem Radiergummi nach ihm.

»Den meine ich aber nicht — den von vorgestern. Ich meine den aller-allerersten Advent, den von damals in Bethlehem. Glaubst du, daß sie es alle gewußt haben, daß etwas herankommt? Etwas Schönes — und daß sie sich darauf gefreut haben, so wie wir uns freuen?«

»Wer denn: ›alle‹?« fragte Gisela. »Josef und Maria haben es natürlich gewußt . . .«

Ronni lachte: »Na klar haben die's gewußt! Vater und Mutter werden doch wohl wissen, daß sie ein Kind kriegen. Und der Engel hat's gewußt, du weißt schon, der es den Hirten kundgemacht hat . . .«

Er legte eine kleine Pause ein und blickte zu der Schwester hin, ob sie merkte, wie vornehm er sich ausdrückte. ›Kundgemacht‹ —: Er war stolz, daß ihm so ein feines Wort eingefallen war. Auch der holde Knabe im lockigen Haar fiel ihm ein. Ronni selbst hatte leider nur ganz glatte Haare und stellte sich den gelockten Knaben wunderhübsch vor.

»Maria und Josef haben's gewußt und der Engel . . .«, fuhr er fort, ». . . weil Engel alles wissen — und die Schafe.«

»Die Schafe?«

Gisela betrachtete den Bruder, als käme er vom Mond.

»Ja. Die haben es viel früher erfahren als die Hirten.

Den Hirten hat es der Engel ja erst in der Weihnachtsnacht gesagt, wie das Kind schon da war. Aber die Schafe haben es schon am allerersten Advent gewußt.«

»Von wem denn?«

»Von den Wolkenschafen. Die sind ja auch dort oben am Himmel und haben zugehört, wie die Engel miteinander geredet haben. Da sind die Wolkenschafe heruntergekommen zu den Erdenschafen und haben es ihnen erzählt, und die haben es dann Ochs und Esel im Stall weitergesagt.«

Ronni atmete tief ein und wieder aus, es klang wie ein erleichterter Seufzer. Er war sehr zufrieden mit seiner Geschichte. Und weil Gisela ihn fast mitleidig ansah, als ob sie ihn für schwachsinnig hielte, wiederholte er trotzig: »Die Tiere haben's gewußt. Noch vor den Hirten und den drei Königen . . .«

»Tiere wissen gar nichts!« sagte Gisela scharf. »Du spinnst, Ronni! Tiere haben keinen Verstand und sind dumm.«

»Das ist nicht wahr. Tiere sind manchmal sehr klug. Bei einem Erdbeben zum Beispiel, wenn die Menschen noch gar keine Ahnung haben, da wissen es die Hunde schon lange davor.«

»Woher hast du das?«

»Von meiner Lehrerin.«

Gisela wandte sich wieder ihrem Heft zu. »Was hat denn dein Erdbeben mit Bethlehem und den Schafen zu tun?« murmelte sie. »Du bist selbst ein Schaf. So was Unlogisches!« Sie stopfte sich beide Zeigefinger in die Ohren, zum Zeichen, daß sie Ronnis Antwort nicht mehr hören wollte.

Aber das war ihm egal. Und ob er logisch war oder unlogisch — das war ihm auch egal. Aus halbgeschlossenen

Augen schaute er vor sich hin, genau wie Mirko, und träumte sich seinen allerersten Advent zurecht . . .:

Er sieht die Hirten des Nachts auf dem Felde. Sie schlafen alle, nur die Schafe sind wach und grasen. Und als nun die Wolkenschafe herunterkommen, da erschrekken sie nicht etwa, so wie später die Hirten vor dem Engel erschrecken werden, bis er ihnen sagt: Fürchtet euch nicht! Sie laufen gleich alle herbei und umringen die Wolkenschafe und erkundigen sich, wie es denn da oben am Himmel so ist: ob sie dort Gras und Klee haben wie hier unten und ob es Spaß macht, wenn der Wind sie jagt . . .

Aber die Wolkenschafe lassen sie kaum zu Wort kommen und fragen:

»Wißt ihr denn nicht, was heute für ein Tag ist?«

Die Erdenschafe schütteln ihre wolligen Köpfe.

»Heute ist der erste Advent!« sagen die Wolkenschafe. »Es kommt etwas heran, eine stille, heilige Nacht, da wird ein Kind geboren, ein holder Knabe im lockigen Haar. Könnt ihr das, bitte, in Bethlehem dem Ochsen und dem Esel ausrichten? Denn dort im Stall kommt das Kind auf die Welt. Ihr wißt doch, wo Bethlehem ist?«

»Klar, wissen wir das!« sagen die Erdenschafe. »Aber warum denn im Stall? Warum suchen die Eltern von dem holden Knaben nicht was Besseres, eine Herberge oder ein Hotel oder ein Zimmer bei einem freundlichen Vermieter?«

»Weil die Eltern arm sind«, sagen die Wolkenschafe. »Und zu armen Leuten — noch dazu, wenn sie gerade ein Kind kriegen — sind die Vermieter nicht freundlich, wie ihr glaubt.«

»Ochs und Esel werden um so freundlicher sein . . .«,

versprechen die Erdenschafe, und die Wolkenschafe sagen: »Über ihrem Stall wird ein Stern stehen.«
»Drei Könige werden kommen und die Hirten und viele Engel, große und kleine. Die Hirten werden ihre Flöten mitbringen, und die Engel werden im Chor singen . . .«
»Wie schön!« sagen die Erdenschafe. »Und wir sind auch dabei?«
»Na klar!« nicken die Wolkenschafe. »Ihr wißt also Bescheid. Und jetzt müssen wir heim. Schöne Adventsgrüße an Ochs und Esel.«
Damit fliegen sie wieder hinaus, geradewegs in den Sternenhimmel, und die Erdenschafe schauen ihnen nach. Noch in derselben Nacht laufen ein paar nach Bethlehem, um die Botschaft zu überbringen. Es ist ein weiter Weg, aber sie springen und hüpfen und galoppieren — und es dauert gar nicht lange, da sind sie dort. Sie finden den Stall, und weil die Tür nur angelehnt ist, können sie gleich hinein. Ochs und Esel staunen zuerst über den Besuch mitten in der Nacht. Doch als sie die Botschaft hören, sind sie glücklich. Der Ochs schnaubt vor Freude, weil das Kind gerade in ihrem Stall zur Welt kommen soll, und der Esel stellt beide Ohren auf, als höre er schon die Engelchöre singen.
»Wir werden für das Kind unsere Krippe sauberschlekken«, sagt der Ochs, »so sauber, daß sie glänzt und wie neu ist.«
»Fein!« rufen die Schafe.
»Und dann werden wir die Krippe mit frischem Stroh auspolstern!« sagt der Esel.
»Nicht mit Stroh, sondern mit Heu!« sagt der Ochs. »Stroh ist hart und pikt. Heu ist weich und warm und duftet.«
»Fein!« rufen die Schafe.

»Und wenn das Kind schlafen will«, sagt der Esel, »dann werden wir ihm die Fliegen wegwedeln mit unseren Schwänzen.«
So reden sie hin und her. Wer draußen am Stall vorbeikommt, der hört nur Muh und Mäh und Iii-ah und weiß nicht, daß die Tiere ein langes echtes Adventsgespräch führen.
Draußen wird es schon hell, als die Schafe endlich Abschied nehmen. »Zu Weihnachten sehen wir uns wieder!« sagen sie. »Also — bis dann.«

Sie traben den ganzen Weg zurück, und weil sie müde sind, geht es nicht halb so schnell wie auf dem Herweg. Die Hirten sind schon eine Weile wach, und einer sagt: »Seltsam! Ich könnte schwören, daß die Herde kleiner ist als sonst.«
»Zählen wir!« sagen die andern. Aber als sie damit anfangen, rennen alle Schafe durcheinander, so daß die Hirten sich verzählen und immer wieder von vorne anfangen müssen. Bis sie es schließlich aufgeben. Erst gegen Mittag, als die Bethlehem-Schafe zurück sind und sich unauffällig unter die anderen mischen, sagt der eine Hirte: »Seltsam! Ich könnte schwören, daß die Herde genauso groß ist wie immer.«

Ronni kicherte leise, als er sich die Gesichter der Hirten vorstellte, die ganz verwirrt waren. Sie hörten die Schafe blöken und verstanden nicht, was die aus Bethlehem zurückgekehrten den auf dem Felde gebliebenen von dem Adventsgespräch im Stall erzählten ...
Mirko schnurrte. Draußen dämmerte es, und das Zimmer war voll dunkler Schatten.

Von draußen kamen Schritte, die Tür ging auf, und der Vater drehte das Licht an.
»Was ist denn hier los? Schlummerstunde? Gisela, du wirst dir die Augen verderben. Wieso sitzt du noch immer über den Aufgaben?«
»Weil der Ronni mich dauernd gestört hat. Mit lauter Dummheiten, mit Schafen und Ochsen und Eseln und seinem aller-allerersten Advent.«

GABI GAULL

Tommi, der Schneemann

Tommi kam am ersten kalten Wintertag zur Welt. Das war an einem Tag im Dezember, nicht an irgendeinem Dezembertag, nein, es war am Tag vor Weihnachten. Und der Weihnachtstag ist für die Schneemänner — wie ihr gewiß alle wißt — ein besonderer Tag, denn am Weihnachtstag erwachen alle Schneemänner für vierundzwanzig Stunden zum Leben.

Tommi war ein sehr schöner Schneemann. Angelika, ein kleines achtjähriges Mädchen mit einem blonden Haarschopf, einer Stupsnase und vielen, vielen Sommersprossen auf dieser Stupsnase, hatte ihn an einem schulfreien Nachmittag gebaut. Auf den Kopf hatte sie ihm einen grauen Hut gesetzt, für die Augen hatte sie zwei gleichgroße Steine gesucht. Von Mutter hatte sie für die Nase eine schöne Rübe bekommen, ja sogar noch ein paar glänzende Knöpfe aus dem Nähkorb, die sie auf Tommis runden Bauch steckte. Als Vater heimgekommen war und den Schneemann eingehend bewundert hatte, hatte er geheimnisvoll in seiner Raritätenschublade gekramt, Angelika eine richtige Pfeife in die Hand gedrückt und schmunzelnd gesagt: »Damit es deinem Tommi nicht langweilig wird!«

Am selben Abend schlich Angelika nochmals aus dem Haus und legte Tommi fürsorglich eine Decke um die eisigen Schultern, damit er nicht friere. Tommi erwachte am nächsten Morgen zeitig. Er war gut gelaunt und freute sich so sehr auf den Abend, daß er vor lauter Freude am liebsten einen Luftsprung gemacht hätte, aber das konnte er ja nicht, weil er ja erst am Weihnachtsabend lebendig wurde. Tommi träumte ein wenig vor sich hin, da sah er Angelika, die noch im Nachthemd in den Garten hinaushuschte, um ihm »Guten Tag« zu sagen. »Guten Morgen, hast du gut geschlafen, Tommi?« erkundigte sie sich liebevoll.

»O ja, ausgezeichnet. Deine Decke hat gut gewärmt!« dachte Tommi und war beinahe ein wenig traurig, weil er Angelika keine Antwort geben konnte. Doch da sagte sie laut: »Du hast also gut geschlafen, das ist ja fein. Nun muß ich aber die Decke wieder mitnehmen, weißt du, Mutti darf nicht sehen, daß ich dir die Decke gegeben habe, sonst ist sie böse mit mir! Bis heute nachmittag, sei schön brav und gib acht, daß die Sonne dich nicht aufißt!« Doch die Sonne schlief den ganzen Tag, eingehüllt in den grauen Himmel. So war Tommi am Nachmittag noch genauso schön wie am Tag zuvor. Dann kam Angelika wieder.

»Tommi, ich muß nun leider fort. Wir besuchen meine Oma, und ich kann dich nicht mitnehmen, doch morgen bin ich wieder zurück. Auf bald, Tommi!« Sie nahm ihm die Pfeife aus dem Mund und drückte ihm einen Abschiedskuß auf den kalten Mund.

»O Tommi, bist du kalt!« rief sie lachend aus.

»Schade, daß du zu deiner Oma fährst«, dachte Tommi bei sich, »es wäre sehr schön gewesen, wenn du ein wenig bei mir geblieben wärst!«

»Fröhliche Weihnachten, Tommi!« rief Angelika noch und stürmte davon.

»Schöne Weihnachten!« dachte Tommi.
Tommi vertrieb sich die Zeit damit, den Passanten nachzublicken, die auf der nahen Straße vorbeihasteten, wahrscheinlich, um die letzten Einkäufe vor dem Heiligen Abend zu besorgen. Da kamen drei Jungen.
»Heh, seht euch mal den Schneemann an!« rief der Größte. Alle drei blieben stehen und glotzten Tommi an, so daß es ihm recht unbehaglich zumute wurde.
»Wißt ihr was, ich wollte eigentlich schon immer rauchen, doch ich habe noch nie eine eigene Pfeife gehabt!« sagte einer der Jungen. »Und ich habe einen so großen Hunger, daß ich am liebsten in die schöne Nase hineinbeißen möchte«, sagte der zweite.
»Die Knöpfe sind recht hübsch, ich wette, ich bekomme eine Menge anderer Dinge, wenn ich sie eintausche«, meinte der dritte.
Und ehe sich's Tommi versah, hatten die drei Jungen ihm die Pfeife, die Rübe und alle Knöpfe gestohlen. Gerade in diesem Augenblick kam noch ein vierter Junge die Straße entlang geschlendert, und die drei Jungen beschlossen, ihm Tommis Hut zu schenken. Dann zogen alle vier weiter und waren sehr stolz über ihre Beute.
Tommi dachte an Angelika und wurde traurig.
»Was sagt sie wohl, wenn sie mich hier so stehen sieht?« fragte er sich.
Da schlug es vom nahen Kirchturm viermal, und das bedeutete, daß für genau vierundzwanzig Stunden alle Schneemänner der Welt lebendig sein würden. Aber Tommi war viel zu traurig, um sich darüber zu freuen, denn wie sah er jetzt aus — richtig häßlich! Er war gar kein echter Schneemann mehr, denn ein Schneemann ohne einen Hut, eine Nase, zwei Augen und viele Knöpfe war kein echter Schneemann mehr.

Daher beschloß er, die Pfeife, die Knöpfe, die Rübe und den Hut wieder zurückzuholen.
Noch etwas schwerfällig, denn er mußte ja zuerst laufen lernen, schlich er hinter den Jungen her. Der älteste von ihnen hatte den Hut aufgesetzt, die Pfeife in den Mund gesteckt, und die drei anderen lachten laut. Doch die Jungen liefen so schnell, daß Tommi ihnen nicht mehr folgen konnte. Er ahnte, daß er allein seine gestohlenen Sachen niemals zurückbekäme, und so beschloß er, andere Schneemänner um Hilfe zu bitten. Es dauerte auch nicht lange, und er begegnete dem ersten Schneemann.
»Guter Schnee!« sagte dieser, was bei den Menschen soviel wie »Guten Abend!« heißt. »Guter Schnee!« antwortete Tommi und erzählte ihm von seinem Unglück. Der andere Schneemann hörte ihm teilnahmsvoll zu und versprach: »Ich werde dir gerne helfen, Tommi. Ich habe auch schon eine Idee: Wir werden alle Schneemänner zusammenrufen, und dann suchen wir gemeinsam die gestohlenen Sachen.«
»Das ist sehr nett von dir, doch weißt du, ich habe nicht mehr viel Zeit, morgen kommt Angelika zurück, und ich muß vor ihr wieder im Garten stehen.« Die beiden Schneemänner beschlossen, jeder solle für sich nach anderen Schneemännern suchen und allen sagen, daß sie hierher zum Hügel kommen sollten. Tommi traf schon nach kurzer Zeit einen dicken Schneemann.
»Guter Schnee!« rief dieser fröhlich, und Tommi bat ihn um Hilfe. Die Geschichte von Tommi verbreitete sich rasch, und schon nach einigen Stunden hatten sich viele hundert Schneemänner an dem vereinbarten Treffpunkt versammelt. Tommi war plötzlich nicht mehr so traurig, als er die vielen Schneemänner sah, die ihm alle helfen

wollten. Da sah man die lustigsten Schneemänner, solche mit drei Bäuchen, andere hielten Besen in den Händen, und einige hatten sogar einen Hals.
Tommi bat um Ruhe und begann laut zu sprechen: »Guter Schnee! Es freut mich, daß ihr so zahlreich erschienen seid. Wie ihr gehört habt, haben vier Jungen mir meinen Hut, meine Pfeife, meine Nase und meine schönen Knöpfe gestohlen. Wollt ihr mir helfen, diese Sachen wiederzufinden?«
»Ja!« ertönte es einstimmig.
Die Schneemänner beschlossen, sich aufzuteilen und sich nach zwei Stunden wieder hier zu treffen. Sie waren alle sehr gescheit und ahnten, daß die Jungen ihre Beute gewiß in ihrem eigenen Versteck aufbewahrten, vielleicht in einer Höhle, auf einem Baum oder in einer Hütte. Und die Schneemänner hatten recht, sie mußten gar nicht lange suchen, die Pfeife fanden sie in einer Baumhütte, und bei näherem Untersuchen der Hütte stellte sich heraus, daß die Jungen ihre gesamte Beute hier aufbewahrten, auch den Hut, die Knöpfe und die Rübennase. Bloß von der schönen Rübennase war nur noch die Hälfte da. Nach den vereinbarten zwei Stunden trafen sich die Schneemänner wieder und freuten sich, daß Tommi nun wieder der schöne Schneemann von früher war. Tommi war so froh, die Sachen wiederzuhaben, daß er fast nicht mehr traurig war, bloß noch eine halbe Rübennase zu haben. Er dankte allen Schneemännern, und wenn es nicht so viele gewesen wären, hätte er jedem einzelnen die Hand gedrückt. Nun lief er so rasch er konnte nach Hause zurück. Der Morgen dämmerte schon, als er sich völlig atemlos an seinen alten Platz stellte. Er war so müde, daß er sofort einschlief. Er erwachte erst wieder, als er eine feine Berüh-

rung spürte. Es war Angelika, die ihm eine neue, noch viel schönere Nase in seinen Schneekopf steckte.
»Guten Tag, Tommi, ich freue mich, daß ich wieder da bin!« flüsterte sie in sein Ohr und umarmte ihn.
»Ich auch!« seufzte Tommi laut, so laut sogar, daß es Angelika hören mußte.

KATHERINE ALLFREY

Das Weihnachtssingen

Die fünf saßen in ihrem Schlupfwinkel, dem kleinen Hof hinter einem altmodischen Hotelgebäude. Hierher kamen sie nach ihren Streifzügen durch die Stadt, hier waren sie unter sich, hier war ihnen wohler als zu Hause. Wärme und Licht kamen durch einen großen eisernen Rost zu ihnen herauf, denn darunter befanden sich die Küchen und der Heizkeller des alten Hauses. Den Kindern schien der Unterschlupf behaglich, trotz der übelriechenden, überquellenden Abfalltonnen, die längs der Mauer aufs Abgeholtwerden warteten, trotz der feuchten Kälte des Winterabends. Heute aber waren sie nicht ganz zufrieden, wenn auch jedes von ihnen ein fettiges Stück Zeitung auf den Knien hatte, das ihr Abendbrot enthielt: Fisch und Chips.

Den ganzen Nachmittag waren sie miteinander durch die Warenhäuser des Einkaufsviertels gezogen. Jetzt um die Weihnachtszeit war das ihr liebster Zeitvertreib, und außerdem brachte es für scharfe Augen und flinke Finger ganz hübsch etwas ein. Die Läden barsten fast von bunten, begehrenswerten Dingen, man konnte manches mitgehen lassen. Die fünf nannten das nicht »stehlen«, sie nannten es »etwas heben« und dachten sich weiter nichts dabei. Das Zeug war da zum Mitnehmen. Warum sollten sie es nicht mitnehmen, wo sie

doch fix genug waren, um einzukaufen, ohne zu bezahlen? Es schien ihnen einfach vernünftig.
Zweitens war es ihr liebster Sport, in den Spielwarenabteilungen, im Spielzeugland, in Father Christmas' Nordpol-Höhle und wie sie alle hießen, die verschiedenen Weihnachtsmänner zu ärgern. Das konnten sie besonders gut, doch Ronnie machte es am besten. Er verstand sich so richtig bei dem Alten im roten Kittel einzuschmeicheln, Ronnie, mit seinem braven, blanken Chorjungengesicht. Er hatte ein Dutzend rührende Geschichten, eine noch trauriger als die andere, und er brachte sie so tapfer heraus und schluckte nur einmal, ganz zuletzt, und sagte immer schon »Sir« dabei, nie auch nur ein bißchen wehleidig. Nur eben diese Waisenkinderaugen und »you see, Sir«, aber auf einmal, wenn er den Alten so richtig mürbe hatte, das schmutzige Wort, die grobe Zote: oh, es war komisch! Dann die schnelle Flucht, und draußen bogen sie sich vor Lachen: »Der Kerl hat vor Wut fast den Wattebart verloren, habt ihr's gesehen?«
Aber in diesem Jahr klappte das alles irgendwie nicht. Zu viele Ladendetektive, und die paßten höllisch genau auf.
Wo immer die fünf aufgetaucht waren, wurden sie bald beobachtet und an die Luft befördert. Von Beute war nicht zu reden, man kam ja an nichts heran. Dabei war der Betrieb toller denn je.
Die fünf fühlten sich zurückgesetzt, schlecht behandelt, beleidigt. Sie grollten. War es Weihnachten oder nicht?
Jake leckte das Fett von den Fingern, ballte das Zeitungspapier zusammen, warf es hinter sich in Richtung Abfalltonnen und bemerkte halb verdrießlich, halb be-

wundernd: »Was da für Geld rumfliegt, vor Weihnachten!«
»Crikey, ja«, stimmte sein Bruder Dave zu. »Dabei werden die Leute reich bei dem Weihnachtsrummel.«
»Wir nicht«, antwortete Jake nun ganz verdrießlich, nicht bloß halb.
Ronnie, der Chorjunge — er war wirklich einer —, lachte kurz auf. Mervyn grunzte, Hester sagte nichts. Sie sprach selten. Vielleicht hatte sie gar nicht zugehört.
»Ich möchte wissen, warum nicht wir!« begehrte Jake plötzlich auf. »Warum nicht wir — was denn?«
»Bei dem Weihnachtsrummel was rausholen. Da muß doch was rauszuholen sein!« Ronnie, der leise vor sich hingepfiffen hatte, hielt inne. Was Jake sagte, war ganz seine Meinung.
Die vier Jungen wurden plötzlich sehr lebendig, unruhig, angeregt. Nur Hester kam mal wieder nicht mit. Hester! Wozu die schon gut war. Es war wenig mit ihr anzufangen, sie hätten gern auf sie verzichtet. Nur — sie gehörte einfach dazu. Loswerden konnten sie sie nicht, sie hatten es versucht. Aber Hester merkte so was nicht. Oder sie hatte ein dickes Fell.
»Los«, kommandierte Jake. »Überlegen.«
Sie überlegten. Keinem fiel was ein.
Endlich kam Dave heraus mit: »Die Post nimmt Aushilfen an.«
»Nix. Doch nur die Großen.«
»Zeitungsrunde?« versuchte es Merv.
»Bist du doof? Das ist Arbeit«, sagte Ronnie kalt.
Sie schwiegen wieder. An Arbeit lag ihnen nichts, nur am Geld. Durch die Dunkelheit, wie von weit her, kam ein Weihnachtslied.

»Weihnachtslieder singen gehen«, rief Hester. Es kam völlig unerwartet. Ronnie stöhnte. »Sonst fällt dir nichts ein«, sagte er bitter. »Seit Wochen nichts als Gloria und Adeste Fideles; steht einem bis hier.« Er zeigte mit der Hand, bis wo es ihm stand. »Jeden Tag Chorübung, und dann soll ich am Feierabend auch noch!«

»Halt mal an, Ronnie«, meinte Jake langsam erwägend. »Das ist doch gar nicht so ohne, was Hester sagt.«

»Das ist ohne Ronnie, sage ich dir«, gab Ronnie zurück und sprang auf.

»Nee, hör doch, Ronnie.« Die anderen zogen ihn wieder zurück. »Ohne dich geht's nicht.«

»Da steckt 'ne Menge Geld drin«, gab Dave zu bedenken.

»Und wie!« Jake hatte nun gründlich Feuer gefangen. »Wir sammeln für'n edlen Zweck, und die Leute pellen es nur so aus.«

Ronnie blieb störrisch. Weihnachtslieder stünden ihm bis hier, wiederholte er, und er mache nicht mit.

»Weißt du was Besseres?« forderte Jake. »Sonst — kein Fisch und keine Chips mehr. Wir sind pleite.«

»Nur noch Chips?« maunzte Hester kläglich.

»Überhaupt nichts«, trumpfte Jake auf.

Schließlich bekamen sie Ronnie herum. So voll und ganz herum, daß er das Unternehmen vorwärts blies wie der steife Wind ein Segel, aus reinem Ärger.

»O.K.«, sagte Ronnie. »Singen wollt ihr und singen sollt ihr, und ich sage singen. Nicht piepsen. Jetzt wird gedrillt.«

Wer am besten sang, der würde das meiste Geld bekommen, das sahen sie ein, und sie ließen sich drillen.

In den nächsten Tagen piesackte Ronnie sie ohne Gnade. Sie kamen bei Merv und Hester zusammen, weil

deren Haus vom Morgen bis zum Abend leer stand. Die Eltern waren fort zur Arbeit, und es gab weder Geschwister noch Untermieter.

Es zeigte sich, daß Hester endlich einmal brauchbar war, also wirklich brauchbar. Hester konnte singen. Nicht so überirdisch hell und hoch wie Ronnie, Ronnie war Klasse. Tiefer, aber tonrein, sicher und mit Ausdauer. Die anderen drei liefen so nebenher. Aber Ronnie riß sie zusammen, hämmerte auf ihnen herum, holte heraus, was aus ihnen herauszuholen war. Die meisten Lieder kannten sie von der Schule, und er brachte ihnen auch noch ein paar schwierige Choräle bei. Sie murrten, aber Ronnie blieb fest. »Seht ihr denn nicht, ihr Gipsköpfe«, sagte er, »daß wir etwas Besonderes haben müssen? Das bringt die Einnahmen.«

»Ja, aber wer hat gesagt, für Geld arbeiten, das wäre doof?« knurrte Jake.

»Wer arbeitet hier? Doch bloß ich«, sagte Ronnie vernichtend.

Am vierten Tag, bei Anbruch der Dämmerung, zogen sie aus. In einen der Vororte, die sie für »was Besseres« hielten. In vielen Erkerfenstern stand schon der geschmückte Weihnachtsbaum mit bunten elektrischen Lichtern. An mancher Tür hing ein Weihnachtskranz, dunkelgrüne Stechpalme mit feuerroten Beeren oder, ganz fein, mit versilberten Tannenzapfen. Aber vom Weihnachtsgeist war wenig zu spüren. Sobald sie sich in einem Vorgarten aufgestellt und einen halben Vers gesungen hatten, öffnete sich meistens die Tür, eine griesgrämige Stimme dankte für weitere, eine unwillige Hand reichte ihnen Pennies — Pennies, nicht mehr. »Weihnachtsstimmung«, meinte Jake böse.

»Die Herzen weit, die Tür macht auf«, trällerte Ronnie spöttisch.

Es kam daher, daß zu viele Weihnachtssänger unterwegs waren. In manchen Straßen gaben sie einander beinahe die Türklinken in die Hand. Die fünf versuchten es anderswo. Doch auch dort war es dasselbe. Als sie eine Frauenstimme rufen hörten: »Noch einmal Stille Nacht und ich schreie los!«, gaben sie es auf.

Sie hockten in ihrem Schlupfwinkel und berieten. Es war Heiligabend. Nur wenig war bei dem Unternehmen herausgekommen. Sie zählten die geringe Summe und brüteten mißgestimmt vor sich hin. »Fisch, Chips und Pepsi-Cola, eine Runde. Zu mehr langt's nicht«, schlug Dave vor.

Merv war sehr dafür, Jake schwankte. Ronnie sagte: »Nee, noch nicht. Heute ist doch der beste Tag. Hier in der Stadt gibt's zu viele, die singen — wißt ihr was? Wir fahren in ein Dorf. Da haben die Leute noch Sinn für so was. Das Geld reicht gerade für die Fahrkarten.«

Die anderen glaubten nicht recht daran. Aber was sollten sie sonst anfangen? Zu Hause war es kalt und ungemütlich. Bei Dave und Jake war der Fernsehapparat kaputt, der von Merv und Hester war versetzt, und Ronnie sagte, heute gäb's doch nichts Gescheites zu sehen. Die Eltern würden wie üblich im Wirtshaus an der Ecke sein, am Heiligabend ging es da hoch her. Vor Mitternacht kamen sie nicht heim, und dann, sagte Jake, würden sie stinkend blau sein. Den Kindern hatten sie, auch wie üblich, ein paar Schillinge in die Hand gedrückt und ihnen stark geraten, sich rar zu machen. Merv und Hester freilich nicht. Sie sollten früh nach Hause kommen und brav ins Bett gehen, wie es sich gehörte. Aber darum kümmerten sich die beiden nicht. Sie gehörten

zu den fünf, und was vorgeschlagen wurde, führten sie aus. Die fünf waren sich einig: Sie wollten es kurz vor Torschluß noch einmal anderswo versuchen. Auf dem Lande. »Aber, hört, wir müssen eine gute Geschichte haben«, schärfte Ronnie ihnen ein. »Wir singen — wir sammeln —, wofür sammeln wir?«
»Für arme, alte Leute«, sagte Jake.
»Spastische Kinder«, rief Dave. »Das kommt immer gut an.«
»Spastische Kinder: Das ist prima«, bestimmte Ronnie. »Und wohin? Nicht zu weit, denkt ans Fahrgeld.«
»Ich weiß!« rief Merv. »Bus 25, Haltestelle Golfplatz. Da wohnen die Protzen!«
So nahmen sie den Bus 25. Er setzte sie an einem Kreuzweg ab, in einer Einsamkeit, in der Hase und Fuchs sich gute Nacht sagen mochten. Aber das schien nur so. Merv wußte Bescheid. Ohne zu zögern, schlug er einen Weg ein, an dem ein Schild stand, das »Streng privat!« verkündete.
»Millionärsstraße heißt das hier«, erklärte er. »Eine Villa neben der anderen und jede mit'm Park drum rum. Wald sogar. Ich war mal mit meinem Alten hier, wegen Buntmetall und so was.«
Sie kamen zu dem ersten Tor, Schmiedeeisen, Doppelflügel, aber beide weit offen. Die kurze Einfahrt war voll von eleganten Autos, der Vorplatz hell beleuchtet, aus Fenstern und Glastüren fiel warmes Licht in den dunklen Garten. Endlich waren sie die einzigen Weihnachtssänger. Sie stellten sich auf und begannen zunächst gedämpft: »Stille Nacht, heilige Nacht . . .«
»Lauter«, befahl Ronnie. »Die machen zuviel Krach da drin.«
Sie legten richtig los: »Herbei, o ihr Gläubigen!«

Die Tür ging auf, und ein Mann im Abendanzug stand auf der Schwelle, ein Cocktailglas in der Hand. »Kommt herein, kommt herein«, winkte er heftig. »Ihr habt uns gerade gefehlt!« Die fünf stießen einander heimlich an. Sie hatten richtig geraten, hier war noch Weihnachtsstimmung. Sie traten in die weite, wunderbar warme Diele. Aus den Räumen links und rechts drängten sich die Gäste: »Rob, wen hast du da? Oh, Weihnachtssänger! Wunderbar!« Die Party war im vollen Schwung.

Ronnie, mit seinem ausgezeichneten Gefühl für die Kunst der Darbietung, stimmte den schwierigsten Choral an. Er sang wie ein Engel, und die anderen vier, mitgerissen, gaben ihr Bestes.

»Hört doch den blonden Jungen«, flüsterte es unter den Zuhörern. »Großartig!«

Dem Choral folgten der »Gute König Wenceslas« und das Lied von der Stechpalme und dem Efeu. Die Party klatschte Beifall wie im Konzertsaal. Sie mußten noch eines zugeben, und sie sangen — flüsterten fast nur — ein zartes »Ihr Kinderlein kommet«.

Der Herr des Hauses faltete Pfundscheine und steckte sie in Jakes Sammelbüchse. »Kinder, das war einmalig!« sagte er begeistert. »Aber wartet, wartet! Ist doch Weihnachten.« Und er kam mit einem Teller Kuchen und einer Schachtel Bonbons wieder.

Endlich waren sie draußen, die Münder voll Kuchen, die Taschen voller Süßigkeiten. »Dies kommt dem schon näher, wie es sein sollte«, stellte Ronnie fest.

Jake, mit einem sehnsüchtigen Blick auf das vornehme Haus, seufzte: »Da wäre was zu holen! Habt ihr gesehen — silberne Schüsseln, Teppiche, Bilder!«

»Glaub doch nicht, daß das jede Nacht so offen steht«,

sagte Ronnie verächtlich. »Marsch, zur nächsten Villa.«
Sie gingen weiter, ein Stück des Weges an hohen Mauern entlang, unter alten Bäumen hin, der nächsten hell beleuchteten Tür zu. Fast in jedem Haus wurde gefeiert wie in dem ersten. Und wo sie ihre Lieder anstimmten, wurden sie angehört und gut beschenkt. Und immer: »Danke, Sir — für die spastischen Kinder, Sir. God bless you, Sir!« Beinahe glaubten sie es selbst. Es wurde spät. Sie waren sehr müde, aber auch sehr reich. »Zähl mal, Jake«, drängten sie. Jake zählte, und sie sahen einander sprachlos an. So viel Geld! Wochenlang würden sie leben wie die Prinzen: Fisch und Chips, Eis, Popcorn und Pepsi ohne Ende.
»Wir können umkehren. Hier ist sowieso Schluß«, meinte Ronnie. Aber ganz am Ende der Straße stand noch ein Haus, kein so großes und modernes wie die anderen. Die Einfahrt war dunkel, nur zwei Fenster waren erleuchtet. Es war Hester, die bestimmte: »Hier singen wir auch noch.« Hester, was fiel der denn ein? Aber sie waren zu müde und zu glücklich. Sie fühlten sich großmütig und sangen ihr Bestes.
Eine Frau kam aus der Tür. »Das habt ihr sehr schön gesungen«, sagte sie warm und herzlich. »Wollt ihr nicht hereinkommen und uns noch etwas vorsingen? Hier draußen ist es kalt.«
Drinnen sah es durchaus nicht reich und glänzend aus, aber das Zimmer, in das sie traten, war sehr anheimelnd. Ein Mann in einer Kordsamtjacke stand auf und begrüßte sie. In einer Nische schimmerte ein schöner Weihnachtsbaum weiß und silbern; echte Wachskerzen brannten still und feierlich. Ein Kind, ein kleines Mädchen im flauschigen Hausmantel, lehnte reglos in seiner

Sofaecke und schaute unentwegt auf die goldenen Flämmchen. Es sah sich auch nicht um, als die fünf Weihnachtssänger eintraten. »Sie ist taubstumm«, erklärte die Frau. »Sie kann euch nicht hören. Ja, sie sollte längst im Bett sein, aber sie war zu aufgeregt zum Schlafen. Da haben wir ihr die Kerzen wieder angezündet. Seht, sie ist selig.«
Verlegen standen die fünf da. So etwas hatten sie noch nie erlebt, nach den lärmenden Festen in all den andern Häusern nicht erwartet.
»Singt«, ermunterte sie die Hausfrau.
Sie sangen.
Dann hieß es: »Wir wollen noch etwas essen, haltet ihr mit?« Und sie saßen um den runden, hübsch gedeckten Tisch, aßen und tranken, und ihre Wirte behandelten sie wie liebe Gäste. Das taubstumme Kind saß auf dem Knie des Vaters, und er sprach mit ihm durch Fingerzeichen.
»Seht, wie gut sie es schon kann«, sagte die Mutter. »Es ist wundervoll, was alles für solche Kinder getan wird.« Sie erzählte von der Arbeit der Schulen und den freiwilligen Hilfskräften — sie selbst gehörten auch dazu. Aber endlich fingen die Gäste an zu gähnen. »Oh, ihr müßt müde sein«, sagte die Frau erschrocken. »Wie kommt ihr heim? John, willst du sie nicht ...«
Ronnie erfand schnell einen Vater und einen großen Bruder mit einem Lieferwagen, der sie da und da treffen sollte. »Die haben heute abend auch gesungen«, erzählte er treuherzig. Die anderen grinsten. Ja, im »Herzog von Wellington«, und wie! Aber keine Weihnachtslieder.
Sie nahmen Abschied, herzlichen Abschied. So nett war noch nie jemand zu ihnen gewesen. Und Jake über-

raschte alle, sich selbst am meisten, indem er den Wirten die Büchse mit dem Weihnachtsgeld reichte und stotterte: »Für die Schule — für — für solche Kinder.«
Ein wunderbares Licht erhellte die Gesichter der beiden Großen, aber: »Bist du sicher, daß sie es haben sollen, seid ihr ganz sicher, Kinder?«
Jake nickte, ja, ganz sicher — und die andern, wie hypnotisiert, nickten auch. »Dann danken wir euch von Herzen«, sagte der Mann. »Wartet, ich muß euch eine Quittung geben, damit alles seine Richtigkeit hat.« Und die Frau sagte, als sie gingen: »Kommt uns besuchen, wenn ihr in der Nähe seid!« Aber nur Hester antwortete: »Ja, bestimmt.«
Dann waren sie draußen unter den dunklen Bäumen, unter sich. Dave blieb stehen. »Bist du denn ganz und gar übergeschnappt?« fragte er langsam.
»Ich — ich — ich weiß selbst nicht«, stotterte Jake hilflos.
»Willst du uns nicht sagen, wie du es uns zurückzahlen wirst?« fragte Ronnie seidig.
»Zurückzahlen?« wiederholte der arme Kerl, der nun langsam wieder zu sich kam.
»Jawohl. Das war größtenteils unser Geld, was du verschenkt hast. Nur ein Fünftel war deins. Ich will mein Fünftel haben, und die andern wollen ihr Geld auch haben, verlaß dich drauf!«
Dave nahm die Fäuste hoch und rückte auf seinen Bruder los. Merv zögerte nicht lange und tat es ihm nach. Es folgte ein kurzer, aber heftiger Kampf, am Boden zwischen Farn und Efeu.
Hester sagte: »Mir ist kalt, ich gehe.« Ronnie nickte und ging mit. Die drei Kämpfer rappelten sich auf und folgten.

»Wie kommen wir bloß wieder in die Stadt?« fragte Merv beinahe weinend.
»Wir haben doch Rückfahrkarten«, meinte Ronnie. Jake sagte kein Wort. Sonst war er immer der Anführer, der größte, der stärkste, der älteste der fünf. Jetzt war er ganz, ganz klein.
Sie erreichten die Haltestelle und warteten lange. Die Nacht war sehr kalt geworden, es lag Frost in der Luft.
»Kommt denn der Bus noch nicht?« schimpfte bald dieser, bald jener. Der Bus kam nicht.
»Gehen wir bis zur nächsten Haltestelle«, schlug Hester vor. Sie wanderten los. An der nächsten Haltestelle stand ein Pfosten mit einem Fahrplan unter Glas. Jake hatte eine Taschenlampe mit. Er knipste sie an und studierte den Fahrplan.
»Der letzte Bus fuhr um acht«, sagte er bedrückt.
Entsetzt sahen sie sich an. Es waren mindestens sechs Meilen bis zur Stadt. Ronnie lachte schrill auf und fing an zu singen: »O du fröhliche, o du selige . . .«
»Halt den Rand, oder ich hau dir eine vor den Brotkasten«, schrie Jake.
»Laßt das Streiten, marsch, los!« sagte Dave.
Ihr Weg mündete in die große Landstraße ein, und sie spähten hoffnungsvoll nach Autos aus. Vielleicht nahm eines sie mit? Viele fuhren vorbei, Wagen auf Wagen voll singender, johlender Nachtschwärmer. Ein- oder zweimal flog eine Flasche aus einem Fenster und zersplitterte am Straßenrand.
»Lieber nicht«, meinte Ronnie.
Sie zogen weiter, schweigend, mißmutig, finster. Nur Hester blickte auf, sah sich um. Weiden mit riesigen Bäumen darauf, hoch darüber die kalten funkelnden Sterne. Unten, geheimnisvoll, silbern, der leichte Bo-

dennebel. »Sagt, was ihr wollt«, brach es plötzlich aus ihr heraus, »dies ist — dies ist . . .« Sie wußte nicht weiter. Sie konnte nicht ausdrücken, was sie fühlte. »Ganz verrückt«, sagten die Jungen geringschätzig. Gerade hielt ein großes dunkles Auto neben ihnen.
»Was macht ihr denn hier?« fragte eine tiefe, strenge Stimme. Es war ein Polizeiwagen.
»Wir sind Weihnachtssänger«, antwortete Ronnie höflich.
»Bißchen spät«, meinte der Polizeibeamte skeptisch.
»Ja, aber im letzten Haus luden uns die Leute zum Abendessen ein, und dann gab's keinen Bus zurück.«
»Sonderbare Geschichte«, murmelte der Inspektor. Er machte den Wagenschlag auf: »Na, hopp, rein mit euch.«
»Alle fünf?«
»Natürlich alle fünf. Platz genug. Müßtet längst in den Betten sein.«
Ohne ein Wort stiegen sie ein. Der Wagen rollte los, der Stadt zu. Der Inspektor begann die Kinder auszufragen, wer sie wären und woher sie kämen, und befahl dann: »Nun mal die Wahrheit. Was habt ihr getrieben?«
»Weihnachtslieder gesungen, Sir, wirklich. Und gesammelt — für die taubstummen Kinder!« Jake überreichte triumphierend die Quittung. Ein Glück, daß sie die nicht weggeworfen hatten. Bevor der Inspektor etwas dazu sagen konnte, begann Ronnie zu singen, das Gloria, und die andern fielen leiser, dunkler, aber in vollkommener Harmonie ein.
»Weiß der Teufel«, fluchte die Obrigkeit, »ich glaube, ihr wart wirklich weihnachtssingen!«
Nicht lange darauf schlüpften die Kinder durch die verschiedenen Haustüren zu Eltern, die bei Jake und Dave

betrunken schnarchten, bei Hester und Merv angstvoll warteten, aus ihrer Achtlosigkeit aufgeschreckt, und die bei Ronnie mit Prügel drohten.

»Cor, Dad«, sagte Ronnie, »es ist doch Weihnachten!«

Ja, das war es. Die Uhr schlug eins: Es war der erste Weihnachtstag.

BEATRICE
SCHENK DE REGNIERS

Pasteten im Schnee

In einem kleinen alten Bauernhaus weit draußen auf dem Land leben eine kleine alte Frau und ein kleiner alter Mann. Sie wohnen ganz allein in dem Haus mit vielen Hühnern und Küken.

Es schneit und schneit, und der Wind heult.

Da sagt die kleine alte Frau: »Es ist schrecklich einsam hier — immer nur mit dir und den Hühnerchen. Ich würde so gern Leute einladen, viele Leute, und ein Fest geben.«

Der kleine alte Mann sagt: »Aber Frau, was redest du da? Bist du nicht gescheit? Wen willst du denn einladen, wir kennen doch keine Menschenseele. Und wenn wir jemand kennen würden, wer käme wohl zu deinem Fest bei diesem Wind und Schnee?«

Die kleine alte Frau schaut zum Fenster hinaus, und sie sieht, daß es draußen schneit und schneit, und sie hört den Wind heulen.

Und sie sagt: »Ich würde einen Kuchen backen und Kerzen rundherum stecken, und ich würde einen Spielmann bestellen, der uns aufspielen müßte. Wir würden schmausen und tanzen und scherzen. Ausgelassen wären wir, und leise vergnügt wären wir. Das gäbe ein Fest, sage ich dir!«

»Frau, sei doch gescheit«, sagt der kleine alte Mann. »Selbst wenn wir Leute kennen würden, und selbst wenn sie durch Wind und Schnee herkämen, wir haben kein Krüstchen und kein Krümchen Kuchen im Haus. Wir haben nicht mal einen Fingerhut voll Mehl, um einen zu backen.«

Draußen schneit und schneit es, und der Wind heult.

Drinnen macht die kleine alte Frau alle Lichter an, damit es im Haus nicht so einsam aussähe, und sie stellt das Radio an, damit es im Haus nicht so still sei.

Im Radio macht ein Mann Reklame für die KM-Bäckerei. Er sagt: »Für Ihre nächste Einladung bestellen Sie bitte die süßen, köstlichen, vorzüglichen, einfach himmlischen KM-Schokoladentörtchen. Und denken Sie daran: Die KM-Bäckerei liefert Ihnen Ihre köstlichen Torten, Pasteten, Napfkuchen, Brote, Zimtbrötchen und Eierwecken direkt ins Haus.

Also . . .

achten Sie auf das
poch-poch
poch-poch-poch
und öffnen Sie schnell, denn
poch-poch
poch-poch-poch
bedeutet: Der KM-Mann ist da!«

»Schokoladentörtchen«, seufzt die kleine alte Frau, »Zimtbrötchen, Eierwecken . . .« Plötzlich bläst der Wind schärfer und schärfer. Er bläst die elektrischen Leitungen herunter, das Radio geht aus, alle Lichter gehen aus, und es wird dunkel in dem kleinen Haus.

Da zündet die kleine alte Frau Kerzen an. Sie hat eine Menge Kerzen, und sie zündet sie alle an und stellt sie auf den Tisch.

Der Tisch sieht aus wie ein großer Geburtstagskuchen, so viele Kerzen stehen rundherum.

»Ich wünschte, es wäre ein Kuchen«, sagt die kleine alte Frau. »Ich wünschte, der Tisch wäre ein großer Kuchen und wir hätten eine Gesellschaft.«
»Hör auf, Frau«, sagt der kleine alte Mann. »Von Wünschen wird man nicht satt, und von Wünschen hört der Wind nicht auf zu blasen und der Schnee nicht zu schneien.«
Dann zieht er seine Gummistiefel an und seine Ohrenschützer und seine Fäustlinge.
»Wo gehst du hin bei diesem Schnee und Wind?« fragt die kleine alte Frau.
»Wir haben dreihundert Küken im Stall. Die hole ich jetzt ins Haus, damit sie's warm haben. Dreihundert piepsende Küken werden dir wohl Gesellschaft genug sein.«
»Die Küken«, sagt die kleine alte Frau. »Ja, hol die Küken. Aber Gesellschaft, nein, Gesellschaft ist das nicht.«
Und der kleine alte Mann geht zur Hintertür hinaus in den Stall durch den Schnee und den Wind.
Horch!
Da klopft es an der Vordertür — poch-poch!
Die kleine alte Frau läuft zur Tür. ›Wer könnte das wohl sein‹, denkt sie, ›in einer solchen Nacht bei dem Schnee und Wind.‹
Sie öffnet die Tür. Da treibt ein Windstoß einen Wirbel von Schnee in die Stube, und draußen steht ein Mann, der sagt: »Mein Wagen ist im Schnee steckengeblieben. Ich habe eine Menge Leute drin. Dürfen wir hereinkommen zu euch, gute Frau, und uns wärmen, bis der Schneepflug kommt und den Weg räumt?«
»Kommt nur, kommt!« sagt die kleine alte Frau. »Holt die Leute aus dem Wagen und herzlich willkommen.«

Und sie schaufelt Schnee in einen Topf und setzt ihn auf den Herd, um einen Tee zu machen.
Der Mann geht zu seinem Wagen und kommt zurück mit seiner Frau, seiner Mutter und seinen drei Brüdern.
Und seine Frau hält einen winzigen Säugling auf dem Arm.
Der kleine alte Mann bringt gerade einen Korb voller piepsender Küken herein. Er sagt: »Willkommen, willkommen, macht's euch bequem. Meine kleine alte Frau hat sich schon so nach Gesellschaft gesehnt.«
Dann nimmt er eine Kiste und geht wieder zur Hintertür hinaus, um noch mehr Küken zu holen.
Horch!
Da klopft es an der Haustür — poch-poch!
Die kleine alte Frau läuft zur Tür, und da steht ein Mann im Schnee und im Wind mit seiner Frau und ihren Zwillingssöhnen und noch ein anderer Mann mit einem großen Jagdhund.
Ihr Wagen ist auch im Schnee steckengeblieben, und sie müssen auf den Schneepflug warten.
»Kommt herein«, sagt die kleine alte Frau, »und willkommen. Es ist genug heißer Tee da. Nur zu essen haben wir nichts; kein Krümchen Kuchen und kein Krüstchen Brot.«
Als der kleine alte Mann zurückkommt mit der Kiste voll piepsender Küken, sind schon elf Erwachsene, ein Säugling, zwei kleine Buben und ein großer Jagdhund im Haus.
»Willkommen, willkommen«, sagt der kleine alte Mann. »Meine kleine alte Frau hat sich so nach Gesellschaft gesehnt.« Und dann geht er noch einmal hinaus, um die übrigen Küken zu holen.

Draußen schneit und schneit es, und der Wind heult, und die Fremden sind froh, daß sie in der warmen Stube sind.

Aber horch!

Da klopft schon wieder jemand an der Haustür — poch-poch!

Die kleine alte Frau läuft zur Tür, und da stehen wieder Leute. Noch drei Autos sind im Schnee steckengeblieben und müssen auf den Schneepflug warten.

»Herein, herein«, sagt die kleine alte Frau, »und willkommen!«

Der kleine alte Mann kommt mit einer Kiste voll piepsender Küken durch die Hintertür, und er zählt 27 Erwachsene, 5 Kinder, 2 Säuglinge, 3 Hunde und einen Papagei.

»Willkommen, willkommen«, sagt der kleine alte Mann. »Meine kleine alte Frau freut sich, daß Gäste da sind.«

Horch!

Es klopft an die Haustür — poch-poch!

Die kleine alte Frau läuft zur Tür, und der kleine alte Mann läuft hinter ihr drein.

Da steht ein einziger Mann vor der Tür im Wind und im Schnee. Er sagt: »Es schneit und schneit, und der Wind pfeift, und mein Bus ist im Schnee steckengeblieben. Darf ich bei euch warten, bis der Schneepflug kommt?«

»Herein, herein«, sagt die kleine alte Frau, »und willkommen!«

Der Autobusfahrer geht zu seinem Bus und kommt zurück mit 42 Erwachsenen, 7 Kindern, 3 Säuglingen, 2 Hunden, einem Kanarienvogel und einem kleinen zahmen Stinktier.

»Willkommen«, sagt der kleine alte Mann. »Gut, daß ihr da seid. Meine kleine alte Frau hat sich schon so nach Gesellschaft gesehnt.«
»Wenn doch nur ein Krüstchen Brot oder ein Krümchen Kuchen im Haus wäre«, seufzt die kleine alte Frau.
»Da — schon wieder!«
Poch-poch an der Haustür und poch-poch an der Hintertür.
Die kleine alte Frau läuft an die Haustür, und der kleine alte Mann läuft an die Hintertür.
Vor der Haustür steht der Mann mit dem Schneepflug.
»Mein Schneepflug ist im Schnee steckengeblieben«, sagt er. Und dann kommt er ins Haus, um auf die anderen Schneepflüge zu warten.
An der Hintertür sind noch mehr Leute, die im Schnee steckengeblieben sind.
»Herein, herein«, und »willkommen«, sagen die kleine alte Frau und der kleine alte Mann.
Die ganze Nacht hindurch kommen Leute und klopfen an die Tür.
Jetzt sind es zusammen 84 Erwachsene, 17 Kinder, 7 Säuglinge, 6 Hunde, eine Katze, ein Papagei, ein Kanarienvogel und ein kleines zahmes Stinktier.
Draußen schneit und schneit es, und der Wind heult.
Drinnen schreien die Säuglinge, die Hunde kläffen, die Hühnerchen piepsen, die Mütter zanken.
»Es ist ein Jammer«, sagt die kleine alte Frau. »Wirklich ein Jammer. So viele Leute und kein Fest. Wenn nur ein Krüstchen Brot oder ein Krümchen Kuchen im Haus wären, oder ein bißchen Musik.«
Da horch!
Es klopft so besonders —
poch-poch

poch-poch-poch
poch-poch
poch-poch-poch

Die kleine alte Frau läuft ganz schnell zur Tür.

Da steht der KM-Mann. Der Mann von der KM-Bäckerei. Sein Lieferwagen ist im Schnee steckengeblieben, gerade vor ihrer Tür.

»Nur herein«, sagt die kleine alte Frau, »und willkommen.«

Der KM-Mann tritt in die Stube, schaut rundherum in all die vielen Gesichter, und dann sagt er: »Ihr seht ja alle mächtig hungrig aus.«

Und die kleine alte Frau sagt: »Es ist kein Krüstchen und kein Krümchen zu essen im Haus, aber wenn Ihr trotzdem hereinkommen und Euch wärmen wollt, so seid Ihr willkommen.«

Da sagt der KM-Mann: »Wer hilft mir? Wer hilft mir, meinen Lieferwagen ausladen?« Und dann nimmt er ein paar Kinder mit und ein paar von den großen Männern.

Das ist ein richtiger Festzug!

Zuerst kommen die Tabletts mit den Brötchen. Rösche, knusprige Brötchen, braun und glänzend; zarte Milchbrötchen, weiß überpudert; Mohnbrötchen, Eierwekken, kleine Brötchen wie Zöpfe geflochten; weiche runde Brötchen, die aussehen wie Kinderpopos. Dann kommen die Zimtschnecken. Einen Duft haben die, wie Frühling.

Dann kommt ein ganzer Zug mit Pasteten: Zitronenpasteten, Kirschpasteten, Apfelpasteten, Kokoskrempasteten, Schokoladenpasteten.

Dann kommen die Napfkuchen mit rosa Zuckerguß, weißem Zuckerguß, dickem Schokoladenguß.

Die kleine alte Frau springt von einem Bein auf das andere und klatscht in die Hände. »Ein Fest«, sagt sie, »das wird ein richtiges Fest.«
»Na«, sagt der KM-Mann, »wenn das ein Fest werden soll, dann bringe ich gleich noch meine Spezial-Festtags-Schokoladen-Schaumtorte.«
Er bringt sie, und die kleine Frau stellt Kerzen rundherum. Ein junger Mann macht lustige Hüte aus Zeitungspapier, und dann schmausen alle nach Herzenslust.
Dann holt der Ziehharmonikaspieler seine Ziehharmonika und spielt so lustig, daß keiner stillsitzen kann. Alle stampfen mit den Füßen zur Musik. Sogar die Säuglinge drehen ihre kleinen Patschhände im Takt.
Jetzt spielt der Musikant einen Walzer, und der kleine alte Mann faßt seine Frau um die Taille und walzt mit ihr dahin, bis beide ganz atemlos sind (was gar nicht lange dauert), und alle klatschen in die Hände und fangen auch zu tanzen an.
Der Ziehharmonikaspieler spielt und spielt. Der spielt ›Du, du, liegst mir im Herzen‹, und er spielt ›Zu Lauterbach hab ich mein' Strumpf verlorn‹, und er spielt ›O du lieber Augustin‹. Er kennt hundert Lieder, und er spielt sie alle.
Es ist ein Fest, ein richtiges Fest mit Schmausen, Tanzen und Scherzen. Ausgelassen geht es zu, und leise vergnügt geht es zu. Es ist ein großartiges Fest.
Das Fest dauert bis zum Mittag. Da hört es auf zu schneien und zu stürmen, und der Schneepflug kommt und räumt den Weg.
Alle sagen Lebewohl zu der kleinen alten Frau und zu dem kleinen alten Mann, und sie sagen, daß es das schönste Fest ihres Lebens war.

Die kleine alte Frau ist zufrieden und glücklich; sie ist müde und schläfrig. Sie legt ihren Kopf auf den Tisch neben eine Kokoskrempastete und schläft fest ein ...
... und träumt das ganze Fest noch einmal.

BRIGID BROPHY

Wünsche

»Drei Wünsche?« sagte das kleine Mädchen. »Wunderbar! Genau, was ich brauche. Der Nachmittag war ungewöhnlich anstrengend.«

»So ist es«, sagte der Kobold. »Ich lasse meine Lampe neben deinem Bett stehen, und wenn du dir überlegt hast, welches dein erster Wunsch ist, rufe mich . . .«

»Ich möchte meinen ersten Wunsch sofort erfüllt haben.«

Der Kobold verbeugte sich aus fließender Hüfte: »Zu deinen Diensten.«

»Ich wünsche mir einen ganzen Koffer voll Schokoladen-Pfefferminztaler.«

»Dein Wunsch ist erfüllt, kaum hast du ihn genannt!« Den rechten körperlosen Arm verlängernd, zog der Kobold unter dem Bett einen großen, hübschen Koffer aus weichem, glänzendem, grauem Plastik hervor.

»Mm«, sagte das kleine Mädchen, hockte sich neben dem Koffer auf den Boden, öffnete die Schlösser, stieß den Deckel auf und begann zu essen.

»Mm«, sagte es noch einmal, kauend. »Nicht zu pfefferminzig, nicht zu süß. Ein sehr gutes Rezept, das.«

»Natürlich«, sagte der Kobold.

»Übernatürlich«, sagte das kleine Mädchen. »Ich ziehe diese Pfefferminztaler sogar den sehr guten von heute nachmittag vor. Die meisten davon mußte ich auf An-

weisung der Kinderfrau meinen sogenannten ›kleinen Freunden‹ anbieten. Ich nehme an (das kleine Mädchen steckte noch einen Taler in den Mund und blickte schräg zum Kobold auf), du bist nicht handfest genug, um dich für Süßigkeiten zu interessieren.«
»So ist es.«
»Ich nehme weiterhin an, daß ich den Koffer später als Koffer benutzen kann. Er ist sehr schick, finde ich.«
»Der Koffer war mitgenannt in deinem Wunsch — also gehört er dir.«
»Gut«, sagte das kleine Mädchen und kaute weiter. »Laß deine Lampe auf meinem Nachttisch. Ich reibe den Griff, wenn ich mir wieder etwas wünschen will.«
»Zu Befehl«, sagte der Kobold und entschwand.
Eine Stunde später erschien er wieder. »Gehorsamst zur Stelle. Willst du deinen zweiten Wunsch aussprechen?«
Das kleine Mädchen blickte nicht auf. Es saß noch immer auf dem Fußboden, ließ den Kopf hängen und schwankte über dem leeren Koffer. »Ich wünsche, daß es mir wieder besser geht.«
»Dein Wunsch ist erfüllt, kaum hast du ihn genannt!«
»Das tut wohl«, sagte das kleine Mädchen und stand flink auf. »Mir war so schlecht, ich konnte kaum den Arm ausstrecken und den Griff deiner Lampe reiben.«
»So ist es«, sagte der Kobold. »Nun, wo es dir besser geht, wirst du gewiß sehr sorgfältig abwägen wollen, wie du deinen letzten Wunsch verwendest. Meine Lampe ist noch da . . .«
»Ich will den dritten Wunsch jetzt erfüllt haben.«
»Wirklich? Solltest du nicht . . .«
»Ich wünsche mir, daß von jetzt ab alle meine Wünsche erfüllt werden.«

»Du bist eine neunmalkluge kleine Kröte«, sagte der Kobold.
»So ist es«, sagte das kleine Mädchen.
»Jetzt muß ich dich also ewig bedienen«, sagte der Kobold, »ich kann nur hoffen, daß du bald stirbst und ich erlöst bin.«
»So leicht kommst du nicht davon. Ich wünsche mir, unsterblich zu sein.«
»Ewigkeit«, sagte der Kobold und stöhnte. »Eine Ewigkeit als Knecht einer Kröte!«
»Vielleicht bessere ich mich, wenn ich größer werde«, sagte das kleine Mädchen tröstend. »Meine Kinderfrau sagt manchmal, es besteht noch Hoffnung.«
»Wer mit acht Jahren schon ein perfektes Ekel ist, läßt wenig Gutes hoffen.«
»Nicht ich bin das Ekel«, sagte das kleine Mädchen kühl. »Ist dir noch nie aufgegangen, daß es seelische Grausamkeit ist, nur drei Wünsche und nicht mehr anzubieten?«
»Es ist so üblich.«
»Was für ein armseliger Grund. Ich gehe jetzt ins Bett. Wenn mir in der Nacht Wünsche einfallen, werde ich dich rufen! Bevor du entschwindest, fülle den Koffer wieder mit Schokoladen-Pfefferminztalern, nach dem gleichen hervorragenden Rezept, aber mit einer geschmacklosen Medizin gegen Magenbeschwerden.«
Der Kobold nickte niedergeschlagen zum Koffer hin. Er war wieder gefüllt.
»Gut«, sagte das kleine Mädchen und nahm einen Pfefferminztaler.
»Warum hast du mich mein Schicksal nicht gleich wissen lassen?« fragte der Kobold. »Warum hast du dir den

Wunsch, daß alle deine Wünsche erfüllt werden, nicht als erstes gewünscht, du kleines Scheusal?«
»Für ein übernatürliches Wesen bist zu ziemlich dumm«, antwortete das kleine Mädchen. »Wenn ich das getan hätte, hätte ich zwei wertvolle Wünsche vergeudet.«

Aus dem Englischen von Helmut Winter

HANS PETERSON

Jan Jansson — ein Junge mit Glück

Im Dezember kam der Schnee. Es war schon ein paar Tage lang kalt gewesen. Der Boden war hartgefroren.

Sie saßen im Klassenzimmer. Die Lehrerin las aus einem Buch vor. Jan hörte zu. Er hatte es gern, wenn die Lehrerin vorlas. Natürlich konnte er selber lesen, aber das ging nur langsam. So langsam, daß er vergaß, was er gelesen hatte.

Mitten in dieser Stunde rauschte es leise gegen die Fensterscheiben. Es war der erste Schnee. Und es schneite weiter während der Pause. Und den ganzen Nachmittag und die ganze Nacht und den ganzen folgenden Tag. Danach wurde es noch kälter. Tagsüber schien die Sonne, doch sie wärmte nicht, und nachts war es sternklar.

Eines Nachmittags, als die Mutter frei hatte, war sie mit Jan in die Stadt gefahren. Dort war der Schnee matschig und braun.

Aber draußen in der Langströmsgatan war er weiß und fein. Auf einem Sportplatz gab es zwei große Eisbahnen. Dort spielte Jan fast jeden Nachmittag Eishockey.

Er gehörte jetzt zu einem Kreis von Jungen. Und bald lernte er immer neue Kinder kennen. Einige wußten sogar, wie er hieß.

Jan fand, er sei wirklich ein Junge mit Glück. Es war ein

Glück, daß er zum Winter nach Göteborg gekommen war. Und daß er gut Hockey spielen konnte. Dabei lernte man leicht andere Jungen kennen. Wäre er im Sommer gekommen, hätte es vielleicht lange gedauert, ehe er Spielkameraden gefunden hätte.
Per hatte er nicht wiedergesehen.
Zu Hause war es wie üblich. Hin und wieder gab es ein bißchen Streit, aber das ging schnell vorbei. Außerdem sahen sie sich ja gar nicht so oft. Der Vater begann mit seiner Arbeit in der Fabrik um sieben Uhr früh. Er fuhr Viertel vor sieben weg. Jans Schule fing um acht an. Um halb acht machte er sich auf den Weg. Die Mutter mußte jetzt vor Weihnachten auch schon um Viertel nach acht im Warenhaus sein. Sie fuhr fast gleichzeitig mit Jan los.
Wenn er nach Hause kam, war nie jemand da.
Kurz nach vier kam der Vater. Die Mutter kam bisweilen erst um halb neun abends. Dann taten ihr die Füße weh. Häufig fuhr der Vater mit Jan in die Stadt, um sie von der Arbeit abzuholen. Damit sie nicht auch noch in der Straßenbahn stehen mußte.
Der Vater kochte und wusch ab und saugte Staub. Außer, wenn die Mutter ihren freien Nachmittag hatte. Und nach der Schule, dem Eishockey, den Schularbeiten und dem Fernsehen schlief Jan abends auf der Stelle ein.
Eines Morgens nahm die Mutter sein Gesicht in beide Hände und gab ihm einen Kuß. Sie war sehr ernst.
»Du bist ein braver Junge«, sagte sie. »Und du mußt hier heimisch werden. Wir alle müssen hier heimisch werden, denn ich ziehe nie im Leben wieder weg. Niemals zurück nach Laxenträsk.« Jan hatte schon wochenlang nicht mehr an Laxenträsk gedacht.

Nein, zurück wollte er auch nicht, jedenfalls nicht gerade jetzt. Hier passierte tagtäglich etwas Neues.
Eines Morgens hörten sie ein fürchterliches Geräusch auf der Straße. Mit einem Satz war Jan am Fenster. Er hatte geglaubt, sämtliche Häuser würden abgerissen. Aber es war nur eine Straßenkehrmaschine, die den Schnee zusammenkratzte.
»Eine prima Sache«, sagte er zu Anna in der Schule. »Jetzt kommt man ja viel leichter auf den Straßen vorwärts.«
»Klar«, sagte Anna.
»Ich hab' nicht gewußt, daß man hier den Schnee zusammenkratzt«, sagte Jan.
»Wie würde es denn aussehen, wenn er liegenbliebe«, sagte Anna und lachte. »Dann würde der Schnee ja am Ende so hoch liegen, daß man überhaupt nicht mehr vorwärtskommt.«
Jan nickte.
In Laxenträsk schaufelte man den Schnee nicht fort. Ja, doch, aber nur unten auf der Landstraße, und bis dahin war es weit. Überall sonst und auch im Dorf blieb der Schnee liegen. Monat für Monat. Oft lag er anderthalb Meter hoch.
»Na, das würde vielleicht aussehen hier in der Stadt«, sagte Anna. »Dann wäre ja alles blockiert. Das siehst du doch ein, nicht?«
Jan sah es ein. Er hatte bisher nur nichts darüber gewußt.
Eines Tages stiegen Anna und Jan auf den Berg. Auf den Berg, den Jan Lillfjäll getauft hatte und auf dem er einmal mit Per gewesen war.
Es war jetzt sehr schön dort oben. Alles war mit einer Schneeschicht bedeckt, und auch die ganze Stadt rings-

um war weiß. Die Häuser hatten weiße Dächer, die im Sonnenschein glänzten. Alle Berge und Anhöhen waren weiß. In all dem Weißen waren nur die Straßen kohlschwarz. Und auch die Kräne drüben im Hafen.

Plötzlich fiel Jan etwas ein. Er lief zu den Birken und spähte unter das Moos. Aber der Karton war verschwunden. Da erzählte er Anna von dem Karton und von Per und dem Kiosk und der Polizei.

»So was darfst du nicht tun«, sagte Anna. »Abends draußen sein ist gefährlich, weißt du das denn nicht?«

»Wo kann bloß der Karton sein?« sagte Jan. »Glaubst du, daß ihn jemand gefunden hat?«

»Den hat die Polizei geholt«, sagte Anna. »Natürlich haben sie Per ausgefragt, ob er noch mehr gestohlen hat. Und da hat er es gestanden. Dieser Karton war natürlich auch gestohlen.«

»Aber der Kiosk gehört doch seinem Onkel«, sagte Jan. »Das hat die Polizei wohl nicht gewußt.«

»Gelogen war das«, sagte Anna ruhig. »Du solltest Schmiere stehen, während er einbrach.«

»Glaubst du das wirklich?« fragte Jan betroffen.

Anna schwieg, und Jan grübelte.

»Aber warum hat er dann gesagt, daß er mich nicht kennt?« fragte er. »Damals, als der Polizist ihn festhielt?«

»Weil er dich nicht reinreißen wollte«, sagte Anna. »Er hat dich wohl gern gehabt. Und darum wollte er nicht, daß du auch festgenommen wirst.«

»Ich?« rief Jan erschrocken.

»Ja, natürlich«, sagte Anna ernst. »Wenn sie erfahren hätten, daß du mit der Sache zu tun hattest, dann hätten sie dich auch festgenommen.«

»Aber ich hab' doch gar nichts davon gewußt!« rief Jan.

»Ich glaube nicht, daß sie sich darum kümmern«, sagte Anna. »Aber ich kann ja mal Papa fragen.«
»Nein, nein«, rief Jan entsetzt. »Mach das bloß nicht! Frage keinen! Du mußt mir versprechen, daß du es niemandem erzählst. Versprich mir das!«
»Ich schwöre es«, sagte Anna. »Ich schwöre, daß ich kein Wort von diesem Geheimnis verrate, so wahr ich Anna Lovisa Bergkvist heiße.«
Anna hatte die Hand hochgehoben, während sie schwor, und Jan nickte. Anna verstand sich wirklich auf tausend Dinge, von denen Jan keine Ahnung hatte.
Es war merkwürdig, daß es hier oben so still sein konnte, während die Stadt vom Verkehr nur so brauste. Plötzlich hoppelte ein Hase vorüber. Ein graubrauner zottiger Hase. Kaum hatte er Jan und Anna entdeckt, verschwand er so flink, daß es sinnlos war, ihn zu verfolgen.
»Das war fast genauso wie zu Hause in Laxenträsk«, sagte Jan.
Sie gingen weiter, und er erzählte Anna, daß er Weihnachten ein Fahrrad bekommen würde. Die Mutter hatte es ihm versprochen. Sie konnte es in dem Warenhaus, wo sie arbeitete, billiger kaufen.
»Dann können wir beide zusammen radfahren«, sagte Anna. »Man kann bei uns bestimmte Straßen entlangfahren, die bilden einen Ring, und man kommt dann an dieselbe Stelle wieder zurück. Es dauert nur eine Viertelstunde. Ich zeige dir, wie man sich im Verkehr verhält. Aber wir haben sicherlich bald wieder eine Verkehrsübung in der Schule.«
»Weißt du schon, was du zu Weihnachten kriegst?« fragte Jan.

Anna lachte. »Du wirst es nicht glauben«, sagte sie, »aber ich kriege einen Hund.«
»Einen Hund?« sagte Jan. »Einen richtigen Hund?«
»Ja«, sagte Anna. »Glaubst du etwa einen Hund aus Plastik?«
»Was für eine Rasse?« fragte Jan. »Einen Lappenhund?«
»Ich weiß kaum, wie ein Lappenhund aussieht«, sagte Anna. »Meiner ist jedenfalls ein schwarzer Pudel.«
Jan war enttäuscht. Mit einem schwarzen Pudel konnte man bestimmt keinen Elch jagen oder entlaufene Schafe suchen. Aber natürlich, Anna ging ja nicht auf die Elchjagd. Und Schafe gab es hier weit und breit auch nicht.
»Was ist?« fragte Anna, und es klang richtig betrübt. »Findest du nicht, daß ein schwarzer Pudel ein feiner Hund ist?«
»Doch, ein Pudel ist Klasse«, sagte Jan hastig. »Ich hab' nur gerade versucht mir vorzustellen, wie er wohl aussieht«, flunkerte er.
»Er ist noch klein, erst sieben Wochen alt. Und ich darf ihn ganz allein versorgen«, sagte Anna, die nun getröstet war. »Und er ist ein feiner Hund.«
»Klar«, sagte Jan. »Ein Lappenhund gehört gar nicht in die Stadt. Da braucht man andere Hunde. Wie zum Beispiel einen schwarzen Pudel.«
»Ja, Pudel sind die nettesten Hunde der Welt«, sagte Anna glücklich. »Und ich darf ihn ganz allein versorgen.«
»Ich werde dir helfen, ihn zu erziehen«, sagte Jan.
»Kannst du denn das?« fragte Anna zweifelnd.
»Zu Hause haben wir drei verschiedene Hunde gehabt, und Vater und ich haben sie dressiert. Zu Hause in Laxenträsk, meine ich«, sagte Jan.

»Oh, das ist gut!« rief Anna. »Das muß ich Papa erzählen. Dann braucht er sich darüber keine Sorgen mehr zu machen.«
Während sie vom Berg hinunterstiegen, unterhielten sie sich weiter über Annas Hund und über Jans Hunde in Laxenträsk.
»Im Sommer fahren wir zurück nach Laxenträsk«, sagte Jan. »Wir machen da Urlaub.«
»Aber bis zum Sommer ist es ja noch lange hin«, sagte Anna. »Vielleicht könnt ihr doch lieber ein Sommerhäuschen auf Brännö mieten, wo wir immer sind. Das wäre doch herrlich.«
Jan nickte.
Anna hatte recht. Bis zum Sommer war es lange hin. Es war ja noch nicht einmal Weihnachten. Und danach würde der Winter erst beginnen. Und bis zum Sommer hatte der Vater an allem hier vielleicht die Lust verloren und wollte wieder ganz zurückziehen nach Laxenträsk. Aber die Mutter wollte ja nie wieder fortziehen. Und Jan wollte auch hierbleiben.
»Woran denkst du?« fragte Anna.
»Ach, an nichts«, sagte Jan. »Borg mir mal dein Rad, ja? Ich muß nämlich trainieren«, rief er und rannte vor ihr den Berg hinunter.
Er war ja ein Junge mit Glück. Also würde alles gut werden.

ANNE ANDERSSON

Weihnachten in Krusidull

Es war Weihnachtsmorgen. Dicke Schneeflocken fielen vom Himmel und bedeckten die Dächer und Straßen der kleinen Stadt Krusidull.

Vor dem Rathaus fegte Polizist Lund Schnee. Eigentlich war das gar nicht sein Amt; aber heute hatte jeder so viel zu tun, daß er gerne mit zugriff. Gut gelaunt summte er beim Kehren ein Weihnachtslied vor sich hin.

Auf einmal unterbrach er sich und lauschte. Im Stadtpark hörte er Axtschläge. Gleich darauf folgte das Krachen eines stürzenden Baumes. Polizist Lund stellte den Besen weg und eilte hinüber. Was er sah, war so unglaublich, daß er wie erstarrt stehenblieb. Der Räuber von Krusidull hatte die einzige Tanne des Stadtparks gefällt und war dabei, sie wegzuschleppen.

Polizist Lund zögerte. Sollte er den Räuber am Weihnachtstag verhaften? Jawohl, denn das ging zu weit — am hellichten Tage! Mit einem lauten »Halt!« stürzte er sich auf den Räuber und packte ihn am Genick. Der Räuber war so erschrocken, daß er sich ohne Gegenwehr abführen ließ. Doch auf dem Weg ins Gefängnis begann er zu winseln und flehte: »Lieber Polizist Lund, laß dir erklären, wie alles kam!«

»Da gibt es nichts zu erklären«, erwiderte Polizist Lund barsch. »Gestohlen bleibt gestohlen! Daß man im Stadtpark von Krusidull keinen Baum fällen darf, das weiß jedes Kind.« Freilich, das hatte der Räuber gewußt. Aber wo hätte er für Tante Fiekchen einen Weihnachtsbaum herkriegen sollen, wenn er kein Geld hatte, einen zu kaufen? »Allerdings, das ändert die Sache«, gab Polizist Lund zu. »Trotzdem muß ich dich einsperren.« Er sperrte den Räuber ein und machte sich auf den Weg zu Tante Fiekchen. Sie war gerade beim Backen.

»Fröhliche Weihnachten, Tante Fiekchen«, grüßte er.

»Gleichfalls«, antwortete Tante Fiekchen und zog ein Blech voll Pfefferkuchen aus dem Ofen.

»Denke dir, ich habe soeben den Räuber eingesperrt«, berichtete Polizist Lund.

»Heut — am Weihnachtstag?« rief Tante Fiekchen erzürnt. »Ja, schämst du dich denn gar nicht, Lund?«

Der Polizist schwieg betreten. Er roch den süßen Pfefferkuchenduft und sagte entschuldigend: »Der Räuber hat ein schweres Verbrechen begangen. Darauf stehen hundert Kronen Strafe, und da er kein Geld hat, muß er im Gefängnis sitzen.«

»Was hat er denn angestellt?« fragte Tante Fiekchen.

»Er hat die Tanne im Stadtpark umgehauen«, antwortete Polizist Lund.

»Was für ein Einfall!« rief Tante Fiekchen entrüstet. »Warum in aller Welt hat er denn das getan?«

»Ja, er sagte, daß er dir den Baum zu Weihnachten schenken wollte«, erwiderte der Polizist.

»Mir? — Ach je, ach je, dann bin ich wohl daran schuld, daß er im Gefängnis sitzt?«

»Das kann man wohl sagen«, bestätigte Polizist Lund.

»Was kann ich denn tun, damit er wieder herauskommt?«

»Tja, da müßtest du schon die hundert Kronen Strafe

für ihn bezahlen. Soviel kostet es nun einmal, wenn man im Stadtpark einen Baum fällt!«
»Aber soviel Geld habe ich doch gar nicht«, jammerte Tante Fiekchen.
Polizist Lund fühlte sich sehr unbehaglich. Immer stärker stieg ihm der Duft der frisch gebackenen Pfefferkuchen in die Nase. »Hmm—«, schnupperte er begehrlich, während ihm das Wasser im Munde zusammenlief.
»Wirklich, ein wunderbarer Geruch! Keiner kann so gute Pfefferkuchen backen wie Tante Fiekchen!«
Tante Fiekchen lächelte geschmeichelt, wurde aber sogleich wieder ernst. Dann fragte sie: »Höre, Polizist Lund, wenn ich dir die ganzen Pfefferkuchen gäbe — würdest du den Räuber dann freilassen?«
Der Polizist kratzte sich nachdenklich am Kopf. »Tja, eigentlich ist es wohl gegen die Vorschrift«, meinte er bedenklich. »Aber heute ist ja Weihnachten, da ginge es vielleicht.« Der Räuber saß im Gefängnis und fühlte sich sehr verlassen. Seine einzige Gesellschaft war der gestohlene Baum, der in einer Ecke der Zelle lehnte. Mit einemmal rasselte der Schlüssel, und Tante Fiekchen und Polizist Lund traten ein. Der Polizist trug eine große rote Keksdose unter dem Arm. »Tante Fiekchen hat die Strafe für dich bezahlt«, sagte er zu dem Räuber. »Mach, daß du rauskommst — du bist frei!«
Mit einem Freudenschrei sprang der Räuber auf und wollte hinaus. Aber Polizist Lund vertrat ihm den Weg. »Halt«, sagte er. »Zuerst mußt du mir versprechen, daß du keinen Baum mehr im Stadtpark fällen wirst!« Der Räuber versprach es. Nie, nie wieder würde er das tun, beteuerte er.
»Nun gut, dann magst du den Baum jetzt mitnehmen«,

gestattete Polizist Lund großzügig. »Im Polizeibüro steht schon einer, und mehr brauche ich nicht.«
Nun wurde es richtig Weihnachten bei Tante Fiekchen! Der Räuber holte die Schachtel mit dem Christbaumschmuck und begann den Baum zu putzen. Er hatte noch nie einen Christbaum geschmückt und wußte nicht recht, wie man das macht. Den großen Silberstern befestigte er am Fuße des Baumes anstatt auf der Spitze, und die Zweige besteckte er rundherum mit Fähnchen. Es sah ein bißchen sonderbar aus, aber Tante Fiekchen und dem Räuber gefiel es gut. »Nun wirst du aber Hunger haben«, meinte Tante Fiekchen und fing an, süßes Gewürzbrot aufzuschneiden. Der Räuber ließ sich nicht lange bitten und verspeiste eine Scheibe nach der anderen.
»Iß nicht soviel davon«, warnte Tante Fiekchen, »es gibt noch anderes zu essen!« Aber der Räuber futterte, als ob er seit vorigem Weihnachten nichts mehr gegessen hätte. Danach aß er noch zwölf Scheiben Schinken und sieben Teller Reisbrei mit Honig. Zuletzt war er so satt, daß er glaubte, er würde platzen. »Jetzt werde ich Kaffee aufsetzen, und dann zünden wir den Baum an«, verkündete Tante Fiekchen.
Damit war der Räuber sofort einverstanden. Andächtig sah er zu, wie Tante Fiekchen ein Licht nach dem anderen anzündete, bis der Baum glitzerte und glänzte. Auf einmal klopfte es.
»Wer kann das sein, so spät am Abend?« fragte Tante Fiekchen ängstlich und ging zur Tür. Auch der Räuber bekam es mit der Angst und kroch unter den Tisch.
»Frohe Weihnachten!« hörte er Polizist Lund sagen, der mit der Keksdose unter dem Arm eintrat.
»Es war mir zu trübselig, so ganz allein in der Wach-

stube«, sagte er. »Da dachte ich, die guten Pfefferkuchen würden euch sicher auch schmecken . . .«
So kam es, daß Tante Fiekchen, der Räuber und Polizist Lund zusammen Weihnachten feierten. Sie saßen am bullernden Ofen und aßen Pfefferkuchen, Äpfel und Nüsse. Mitten im Zimmer stand der Weihnachtsbaum mit seinen brennenden Lichtern, und draußen vor dem Fenster fiel leise der Schnee . . .
Seitdem machen sie es jedes Jahr so. Wenn du am Weihnachtsabend nach Krusidull kommst und bei dem kleinen Haus mit dem Zwiebeltürmchen durchs Fenster guckst, dann kannst du Tante Fiekchen, den Räuber und Polizist Lund unter dem brennenden Lichterbaum sitzen sehen!

WOLFDIETRICH SCHNURRE

Die Leihgabe

Am meisten hat Vater sich jedesmal zu Weihnachten Mühe gegeben. Da fiel es uns allerdings auch besonders schwer, darüber wegzukommen, daß wir arbeitslos waren. Andere Feiertage, die beging man, oder man beging sie nicht; aber auf Weihnachten lebte man zu, und war es erst da, dann hielt man es fest; und die Schaufenster, die brachten es ja oft noch nicht mal im Januar fertig, sich von ihren Schokoladenweihnachtsmännern zu trennen. Mir hatten es vor allem immer die Zweige und Kasperles angetan. War Vater dabei, sah ich weg; aber das fiel meist mehr auf, als wenn man hingesehen hätte; und so fing ich dann allmählich doch wieder an, in die Läden zu gucken. Vater war auch nicht gerade unempfindlich gegen die Schaufensterauslagen, er konnte sich nur besser beherrschen. Weihnachten, sagte er, wäre das Fest der Freude; das Entscheidende wäre jetzt nämlich: nicht traurig zu sein, auch dann nicht, wenn man kein Geld hätte.
»Die meisten Leute«, sagte Vater, »sind bloß am ersten und zweiten Feiertag fröhlich und vielleicht nachher zu Silvester noch mal. Das genügt aber nicht; man muß mindestens schon einen Monat vorher mit Fröhlichsein anfangen. Zu Silvester«, sagte der Vater, »da kannst du dann getrost wieder traurig sein; denn es ist nie schön, wenn ein Jahr einfach so weggeht. Nur jetzt, so vor

Weihnachten, da ist es unangebracht, traurig zu sein.«
Vater selber gab sich auch immer große Mühe, nicht traurig zu sein um diese Zeit; doch er hatte es aus irgendeinem Grund da schwerer als ich; wahrscheinlich deshalb, weil er keinen Vater mehr hatte, der ihm dasselbe sagen konnte, was er mir immer sagte.
Es wäre bestimmt auch alles leichter gewesen, hätte Vater noch seine Stelle gehabt. Er hätte jetzt sogar wieder als Hilfspräparator gearbeitet: aber sie brauchten keine Hilfspräparatoren im Augenblick. Der Direktor hatte gesagt, aufhalten im Museum könnte Vater sich gern, aber mit Arbeit müßte er warten, bis bessere Zeiten kämen.
»Und wann, meinen Sie, ist das?« hatte Vater gefragt.
»Ich möchte Ihnen nicht weh tun«, hatte der Direktor gesagt.
Frieda hatte mehr Glück gehabt: Sie war in einer Großdestille am Alexanderplatz als Küchenhilfe eingestellt worden und war dort auch gleich in Logis. Uns war es ganz angenehm, nicht dauernd mit ihr zusammenzusein; sie war jetzt, wo wir uns nur mittags und abends mal sahen, viel netter.
Aber im Grunde lebten auch wir nicht schlecht. Denn Frieda versorgte uns reichlich mit Essen, und war es zu Hause zu kalt, dann gingen wir ins Museum rüber; und wenn wir uns alles angesehen hatten, lehnten wir uns unter dem Dinosauriergerippe an die Heizung, sahen aus dem Fenster oder fingen mit dem Museumswärter ein Gespräch über Kaninchenzucht an.
An sich war das Jahr also durchaus dazu angetan, in Ruhe und Beschaulichkeit zu Ende gebracht zu werden. Wenn Vater sich nur nicht solche Sorgen um einen Weihnachtsbaum gemacht hätte.

Es kam ganz plötzlich.
Wir hatten eben Frieda aus der Destille abgeholt und sie nach Hause gebracht und uns hingelegt, da klappte Vater den Band *Brehms Tierleben* zu, in dem er abends immer noch las, und fragte zu mir rüber: »Schläfst du schon?«
»Nein«, sagte ich, denn es war zu kalt zum Schlafen.
»Mir fällt eben ein«, sagte Vater, »wir brauchen ja einen Weihnachtsbaum.« Er machte eine Pause und wartete meine Antwort ab.
»Findest du?« sagte ich.
»Ja«, sagte Vater, »und zwar so einen richtigen, schönen; nicht so einen murkligen, der schon umkippt, wenn man bloß mal eine Walnuß dranhängt.« Bei dem Wort Walnuß richtete ich mich auf. Ob man nicht vielleicht auch ein paar Lebkuchen kriegen könnte zum Dranhängen?
Vater räusperte sich. »Gott —«, sagte er, »warum nicht; mal mit Frieda reden.«
»Vielleicht«, sagte ich, »kennt Frieda auch gleich jemand, der uns einen Baum schenkt.«
Vater bezweifelte das. Außerdem: So einen Baum, wie er ihn sich vorstellte, den verschenkte niemand, der wäre ein Reichtum, ein Schatz wäre der.
Ob er vielleicht eine Mark wert wäre, fragte ich.
»Eine Mark —?!« Vater blies verächtlich die Luft durch die Nase: »Mindestens zwei.«
»Und wo gibt's ihn?«
»Siehst du«, sagte der Vater, »das überleg' ich auch gerade.«
»Aber wir können ihn doch gar nicht kaufen«, sagte ich; »zwei Mark: Wo willst du die denn jetzt hernehmen?«

Vater hob die Petroleumlampe auf und sah sich im Zimmer um. Ich wußte, er überlegte, ob sich vielleicht noch was ins Leihhaus bringen ließe; es war aber schon alles drin, sogar das Grammophon, bei dem ich so geheult hatte, als der Kerl hinter dem Gitter mit ihm weggeschlurft war.

Vater stellte die Lampe wieder zurück und räusperte sich. »Schlaf mal erst; ich werde mir den Fall durch den Kopf gehen lassen.«

In der nächsten Zeit drückten wir uns bloß immer an den Weihnachtsbaumverkaufsständen herum. Baum auf Baum bekam Beine und lief weg; aber wir hatten noch immer keinen.

»Ob man nicht doch —?« fragte ich am fünften Tag, als wir gerade wieder im Museum unter dem Dinosauriergerippe an der Heizung lehnten.

»Ob man was?« fragte Vater scharf.

»Ich meine, ob man nicht doch versuchen sollte, einen gewöhnlichen Baum zu kriegen?«

»Bist du verrückt?!« Vater war empört. »Vielleicht so einen Kohlstrunk, bei dem man nachher nicht weiß, soll es ein Handfeger oder eine Zahnbürste sein? Kommt gar nicht in Frage.«

Doch was half es; Weihnachten kam näher und näher. Anfangs waren die Christbaumwälder in den Straßen noch aufgefüllt worden; aber allmählich lichteten sie sich, und eines Nachmittags waren wir Zeuge, wie der fetteste Christbaumverkäufer vom Alex, der Kraftriemen-Jimmy, sein letztes Bäumchen, ein wahres Streichholz von einem Baum, für drei Mark fünfzig verkaufte, aufs Geld spuckte, sich aufs Rad schwang und wegfuhr.

Nun fingen wir doch an, traurig zu werden. Nicht

schlimm; aber immerhin, es genügte, daß Frieda die Brauen noch mehr zusammenzog, als sie es sonst zu tun pflegte, und daß sie uns fragte, was wir denn hätten.
Wir hatten uns zwar daran gewöhnt, unseren Kummer für uns zu behalten, doch diesmal machten wir eine Ausnahme, und Vater erzählte es ihr.
Frieda hörte aufmerksam zu. »Das ist alles?« Wir nickten. »Ihr seid aber komisch«, sagte Frieda, »wieso geht ihr denn nicht einfach in den Grunewald einen klauen?«
Ich habe Vater schon häufig empört gesehen, aber so empört wie an diesem Abend noch nie.
Er war kreidebleich geworden. »Ist das dein Ernst?« fragte er heiser.
Frieda war sehr erstaunt. »Logisch«, sagte sie, »das machen doch alle.«
»Alle —!« echote Vater dumpf, »alle —!« Er erhob sich steif und nahm mich bei der Hand. »Du gestattest wohl«, sagte er darauf zu Frieda, »daß ich erst den Jungen nach Hause bringe, ehe ich dir hierfür die gebührende Antwort erteile.«
Er hat sie ihr niemals erteilt. Frieda war vernünftig; sie tat so, als ginge sie auf Vaters Zimperlichkeit ein, und am nächsten Tag entschuldigte sie sich. Doch was nützte das alles; einen Baum, gar einen Staatsbaum, wie Vater ihn sich vorstellte, hatten wir deshalb noch lange nicht.
Aber dann — es war der dreiundzwanzigste Dezember, und wir hatten eben wieder unseren Stammplatz unter dem Dinosauriergerippe bezogen — hatte Vater die große Erleuchtung. »Haben Sie einen Spaten?« fragte er den Museumswärter, der neben uns auf seinem Klappstuhl eingenickt war.

»Was?!« rief der und fuhr auf. »Was habe ich?!«
»Einen Spaten, Mann«, sagte Vater ungeduldig: »Ob Sie einen Spaten haben.«
Ja, den hätte er schon.
Ich sah unsicher an Vater empor. Er sah jedoch leidlich normal aus; nur sein Blick schien mir eine Spur unsteter zu sein als sonst.
»Gut«, sagte er jetzt, »wir kommen heute mit Ihnen nach Hause, und Sie borgen ihn uns.«
Was er vorhatte, erfuhr ich erst in der Nacht.
»Los«, sagte Vater und rüttelte mich, »steh auf!«
Ich kroch schlaftrunken über das Bettgitter. »Was ist denn bloß los!«
»Paß auf«, sagte Vater und blieb vor mir stehen: »Einen Baum stehlen, das ist gemein; aber sich einen borgen, das geht.«
»Borgen —?« fragte ich blinzelnd.
»Ja«, sagte Vater. »Wir gehen jetzt in den Friedrichshain und graben eine Blautanne aus. Zu Hause stellen wir sie in die Wanne mit Wasser, feiern morgen dann Weihnachten mit ihr, und nachher pflanzen wir sie wieder am selben Platz ein. Na —?« Er sah mich durchdringend an.
»Eine wunderbare Idee«, sagte ich.
Summend und pfeifend gingen wir los; Vater den Spaten auf dem Rücken, ich einen Sack unter dem Arm, hin und wieder hörte Vater auf zu pfeifen, und wir sangen zweistimmig »Morgen, Kinder, wird's was geben« und »Vom Himmel hoch, da komm' ich her«. Wie immer bei solchen Liedern, hatte Vater Tränen in den Augen, und auch mir war schon ganz feierlich zumute.
Dann tauchte vor uns der Friedrichshain auf, und wir schwiegen.

Die Blautanne, auf die Vater es abgesehen hatte, stand inmitten eines strohgedeckten Rosenrondells. Sie war gut anderthalb Meter hoch und ein Muster an ebenmäßigem Wuchs.
Da der Boden nur dicht unter der Oberfläche gefroren war, dauerte es auch gar nicht lange, und Vater hatte die Wurzeln freigelegt. Behutsam kippten wir den Baum darauf um, schoben ihn mit den Wurzeln in den Sack, Vater hängte seine Joppe über das Ende, das raussah, wir schippten das Loch zu. Stroh wurde darübergestreut, Vater lud sich den Baum auf die Schulter, und wir gingen nach Hause.
Hier füllten wir die große Zinkwanne mit Wasser und stellten den Baum rein.
Als ich am nächsten Morgen aufwachte, waren Vater und Frieda schon dabei, ihn zu schmücken. Er war jetzt mit Hilfe einer Schnur an der Decke befestigt, und Frieda hatte aus Stanniolpapier allerlei Sterne geschnitten, die sie an seinen Zweigen aufhängte; sie sahen sehr hübsch aus. Auch einige Lebkuchenmänner sah ich hängen.
Ich wollte den beiden den Spaß nicht verderben; daher tat ich so, als schliefe ich noch. Dabei überlegte ich mir, wie ich mich für ihre Nettigkeit revanchieren könnte.
Schließlich fiel es mir ein: Vater hatte sich einen Weihnachtsbaum geborgt, warum sollte ich es nicht fertigbringen, mir über die Feiertage unser verpfändetes Grammophon auszuleihen? Ich tat also, als wachte ich eben erst auf, bejubelte vorschriftsmäßig den Baum, und dann zog ich mich an und ging los.
Der Pfandleiher war ein furchtbarer Mensch; schon als wir zum erstenmal bei ihm gewesen waren und Vater ihm seinen Mantel gegeben hatte, hätte ich dem Kerl

sonstwas zufügen mögen; aber jetzt mußte man freundlich zu ihm sein.
Ich gab mir auch große Mühe. Ich erzählte ihm was von zwei Großmüttern und »gerade zu Weihnachten« und »letzter Freund auf alte Tage« und so, und plötzlich holte der Pfandleiher aus und haute mir eine herunter und sagte ganz ruhig:
»Wie oft du sonst schwindelst, ist mir egal; aber zu Weihnachten wird die Wahrheit gesagt, verstanden!«
Darauf schlurfte er in den Nebenraum und brachte das Grammophon an. »Aber wehe, ihr macht was an ihm kaputt! Nur für drei Tage! Und auch bloß, weil du's bist!«
Ich machte einen Diener, daß ich mir fast die Stirn an der Kniescheibe stieß; dann nahm ich den Kasten unter den einen, den Trichter unter den anderen Arm und rannte nach Hause.
Ich versteckte beides erst mal in der Waschküche. Frieda allerdings mußte ich einweihen, denn die hatte die Platten; aber Frieda hielt dicht.
Mittags hatte uns Friedas Chef, der Destillenwirt, eingeladen. Es gab eine tadellose Nudelsuppe, anschließend Kartoffelbrei mit Gänseklein. Wir aßen, bis wir uns kaum noch erkannten; darauf gingen wir, um Kohlen zu sparen, noch ein bißchen ins Museum zum Dinosauriergerippe; und am Nachmittag kam Frieda und holte uns ab.
Zu Hause wurde geheizt. Dann packte Frieda eine Riesenschüssel voll übriggebliebenem Gänseklein, drei Flaschen Rotwein und einen Quadratmeter Bienenstich aus. Vater legte für mich seinen Band *Brehms Tierleben* auf den Tisch, und im nächsten unbewachten Augenblick lief ich in die Waschküche runter, holte das Grammophon rauf und sagte Vater, er sollte sich umdrehen.

Er gehorchte auch; Frieda legte die Platten raus und steckte die Lichter an, und ich machte den Trichter fest und zog das Grammophon auf.
»Kann ich mich umdrehen?« fragte Vater, der es nicht mehr aushielt, als Frieda das Licht ausgeknipst hatte.
»Moment«, sagte ich; »dieser verdammte Trichter — denkst du, ich krieg' das Ding fest?«
Frieda hüstelte.
»Was denn für ein Trichter?« fragte Vater.
Aber da ging es schon los. Es war »Ihr Kinderlein kommet«; es knarrte zwar etwas, und die Platte hatte wohl auch einen Sprung, aber das machte nichts. Frieda und ich sangen mit, und da drehte Vater sich um. Er schluckte erst und zupfte sich an der Nase, aber dann räusperte er sich und sang auch mit. Als die Platte zu Ende war, schüttelten wir uns die Hände, und ich erzählte Vater, wie ich das mit dem Grammophon gemacht hätte.
Er war begeistert. »Na—?« sagte er nur immer wieder zu Frieda und nickte dabei zu mir rüber: »Na —?«
Es wurde ein schöner Weihnachtsabend. Erst sangen und spielten wir die Platten durch; dann spielten wir sie noch mal ohne Gesang; dann sang Frieda noch mal alle Platten allein; dann sang sie mit Vater noch mal, und dann aßen wir und tranken den Wein aus, und darauf machten wir noch ein bißchen Musik; und dann brachten wir Frieda nach Hause und legten uns auch hin.
Am nächsten Morgen blieb der Baum noch aufgeputzt stehen. Ich durfte liegenbleiben, und Vater machte den ganzen Tag Grammophonmusik und pfiff zweite Stimme dazu.
Dann, in der folgenden Nacht, nahmen wir den Baum aus der Wanne, steckten ihn, noch mit den Stanniolpa-

piersternen geschmückt, in den Sack und brachten ihn zurück in den Friedrichshain.
Hier pflanzten wir ihn wieder in sein Rosenrondell. Darauf traten wir die Erde fest und gingen nach Hause.
Am Morgen brachte ich dann auch das Grammophon weg.
Den Baum haben wir noch häufig besucht; er ist wieder angewachsen. Die Stanniolpapiersterne hingen noch eine ganze Weile in seinen Zweigen, einige sogar bis in den Frühling.
Vor ein paar Monaten habe ich mir den Baum wieder mal angesehen. Er ist gut zwei Stock hoch und hat den Umfang eines mittleren Fabrikschornsteins. Es mutet merkwürdig an, sich vorzustellen, daß wir ihn mal zu Gast in unserer Wohnküche hatten.

Quellennachweis

S. 7: aus: Gina Ruck-Pauquèt: In jedem Wald ist eine Maus, die Geige spielt. Das große Buch der Kindergeschichten. Ill. von Kristine Rothfuss, Georg Bitter Verlag, Recklinghausen. — S. 11: aus: Angela Linde (Hg.): Adventsträume. Geschichten für Kinder zur Advents- und Weihnachtszeit. Ill. von Mouche Vormstein, Gütersloher Verlagshaus Gerd Mohn, Gütersloh 1981. — S. 20: aus: Jutta Radel (Hg.): Ein Lattenzaun mit Zwischenraum hindurchzuschaun. Lustige Kindergeschichten, Verlag Huber & Co. AG, Frauenfeld 1978. — S. 27: aus: Barbara Bartos-Höppner (Hg.): Weihnachtsgeschichten unserer Zeit. Bekannte Schriftsteller erzählen vom Weihnachtswunder, Arena-Verlag Georg Popp GmbH & Co., Würzburg 1971. — S. 42: aus: Beatrice Schenk de Regniers und Reiner Zimnik: Pasteten im Schnee, © 1974 by Diogenes Verlag AG, Zürich. — S. 52: aus: Gertraud Middelhauve (Hg.): Dichter Europas erzählen Kindern, Gertraud Middelhauve Verlag, 2. Aufl. Köln 1974. — S. 57: aus: Hans Peterson: Jan Jansson — ein Junge mit Glück, ©Verlag Friedrich Oetinger, Hamburg 1971. — S. 64: Aus dem Schwedischen übersetzt von Barbara Imgrund, Ludwigstraße 22, Neu-Ulm. — S. 69: aus: Wolfdietrich Schnurre: Als Vaters Bart noch rot war, © 1958 by Peter Schifferli, Verlags AG »Die Arche«, Zürich.